教科書ガイド

ガイド

三省堂 版

ビスタ
English
Communication I

T E X T

B O O K

G U I D E

文研出版

はじめに

　この本は、教科書『VISTA English Communication I』を学ぶみなさんのための、基礎的な手引き書として編集しました。予習・復習に役立ててください。

この本のおもな構成

テキストを読んでみよう

各LESSONの本文をまとまりごとに掲載しました。発音のカナ表記、イントネーションの上がり下がり、強く読むところ、息つぎの箇所などの印が、必要に応じて記されています。まず、繰り返し声に出して読んでみましょう。

語句・文の研究

本文中の語句と文を解説しています。語句には発音記号、意味、用例などがついていますので、語彙力のアップに役立ててください。また、文の構造を詳しく説明していますので、本文中に理解できない文がある場合はここで確認してください。文の日本語訳は、なるべく直訳にしています。

和訳

本文と対応する日本語訳です。日本語として自然な訳例になっています。

CHECK! 確認しよう

本文の内容が理解できているかどうかを確認します。答えの根拠となる本文中の参照箇所を示していますので、参考にしてください。

TALK! 話してみよう

本文に関連したテーマで発話の練習をします。与えられた語句の日本語訳も参考にしましょう。SAY IT!では、発音、イントネーション、音変化（単語と単語の音のつながりなど）について解説しています。

STUDY IT! ことばのしくみを学ぼう

英語のしくみに関する解説です。じっくり読んで、英文の構造を正確に把握してください。また、**DRILL** に挑戦して、学習内容が理解できているか確認してください。

SUM UP! 要約しよう

本文の要約問題です。答えの根拠となる本文中の参照箇所を示しています。空所を含む1文全体と選択語句の日本語訳も参考にしましょう。

PRACTICE! 練習しよう

ことばのしくみに関連した練習問題が用意されています。目と耳、耳と口で、学習した内容を自分のものにしてください。

IIII CHALLENGE YOURSELF! IIII

LESSON 4以降に登場します。英語でコミュニケーションをとるためのさまざまなアクティビティが用意されていますので、楽しんで挑戦してください。

Contents 目次

▼アルファベットの書き方

`ブロック体 大文字`

A B C D E F G H I J K L M N

O P Q R S T U V W X Y Z

`ブロック体 小文字`

a b c d e f g h i j k l m n

o p q r s t u v w x y z

- 1番上の線→「アセンダライン（ascender line）」
  2番目の線→「ミーンライン（mean line）」
  3番目の線→「ベースライン（base line）」
  4番目の線→「ディセンダライン（descender line）」
- 大文字は、すべてアセンダラインとベースラインの間に書く。
- 小文字は、次の3つのパターンに分かれる。
  - ミーンラインとベースラインの間に書く。
    - → a, c, e, m, n, o, r, s, u, v, w, x, z
  - 基本的にミーンラインとベースラインの間だが、文字の一部がミーンラインから上に突き出るように書く。
    - → b, d, f, h, i, k, l, t
  - 基本的にミーンラインとベースラインの間だが、文字の一部がベースラインから下に突き出るように書く。
    - → g, j, p, q, y

▶次の国の位置を教科書の世界地図で確認しよう

- Australia 「オーストラリア連邦」 オーストラリア大陸本土、タスマニア島及び小島からなる。

- Brazil 「ブラジル連邦共和国」 南米大陸で最大の面積を占める。

- Canada 「カナダ」 首都はオタワ。国土面積は世界で2番目に広い。

- Denmark 「デンマーク王国」 北ヨーロッパの立憲君主制国家。

- Ecuador 「エクアドル共和国」 ガラパゴス諸島で有名な南米の国。

- Finland 「フィンランド共和国」「ムーミン」シリーズで有名な北欧の国。

- Ghana 「ガーナ共和国」 英国の植民地支配から独立した、西アフリカの国。

- Hungary 「ハンガリー」 中欧の共和制国家。ヨーロッパ有数の温泉大国として有名。

- Ireland 「アイルランド」 北大西洋のアイルランド島の大部分を領土とする。

- Japan 「日本」

- Kenya 「ケニア共和国」 赤道直下でありながら国土の大半は標高が高く、サバナ気候となっている。
野生動物の保護区で有名。

- Lithuania 「リトアニア共和国」 1991年にソ連より独立承認される。エストニア、ラトビアと
共にバルト三国と呼ばれる。

- Mexico 「メキシコ合衆国」 1821年、スペインより独立した、北米大陸南部の国。

- New Zealand 「ニュージーランド」 南西太平洋の2つの主要な島と、多くの小さな島からなる。

- Oman 「オマーン国」 アラビア半島東端の原油・天然ガス産出国。

- Peru 「ペルー共和国」 南米大陸西部に位置する共和制国家。西は太平洋に面する。

- Qatar 「カタール国」 アラビア半島東部のカタール半島のほぼ全域を領土とする。首都はドーハ。

- Russia 「ロシア連邦」 ユーラシア大陸北部に位置する。面積は世界で最大。

- Spain 「スペイン王国」 南ヨーロッパのイベリア半島の大部分を占める国。

- Thailand 「タイ王国」 インドシナ半島中央部とマレー半島北半を占める王国。

- the USA 「アメリカ合衆国」 本土の48の州と、アラスカ州、ハワイ州からなる。

- Vietnam 「ベトナム社会主義共和国」 インドシナ半島東部の社会主義国家。

- Yemen 「イエメン共和国」 アラビア半島南端に位置する。天然ガス産出国。

- Zimbabwe 「ジンバブエ共和国」 アフリカ大陸南部に位置する。1965年から1979年までは
「ローデシア共和国」。

Get Ready! ❷   さがしてみよう　書いてみよう

▼単語の発音と意味を確認しよう。

● 「家・家庭生活」に関する語

balcony [bǽlkəni バルカニ] 「バルコニー」   bathroom [bǽθrùːm バスルーム] 「浴室」

mailbox [méilbàks メイルバークス] 「郵便受け」   bedroom [bédrùːm ベドルーム] 「寝室」

kitchen [kítʃən キチン] 「台所」   door [dɔ́ːr ドー] 「戸、ドア」

window [wíndou ウィンドウ] 「窓」   garden [gɑ́ːrdn ガードン] 「庭」

roof [rúːf ルーフ] 「屋根」

● 「学校」に関する語

restroom [réstrùːm レストルーム] 「洗面所」

nurse's room [nə́ːrsiz rùːm ナーシズ ルーム] 「保健室」

music room [mjúːzik rùːm ミューズィク ルーム] 「音楽室」

classroom [klǽsrùːm クラスルーム] 「教室」   library [láibrèri ライブレリ] 「図書室[館]」

computer room [kəmpjúːtər rùːm コンピュータ ルーム] 「コンピュータ室」

teachers' room [tíːtʃərz rùːm ティーチャズ ルーム] 「職員室」

schoolyard [skúːljàːrd スクールヤード] 「校庭」   gym [dʒím ヂム] 「体育館」

● 「乗り物」に関する語

train [tréin トレイン] 「列車」   bicycle [báisikəl バイスィクル] 「自転車」

bus [bʌ́s バス] 「バス」   car [kɑ́ːr カー] 「自動車」

boat [bóut ボウト] 「ボート」

● 「趣味・教養・娯楽・スポーツ」に関する語

book [búk ブク] 「本」   baseball [béisbɔ̀ːl ベイスボール] 「野球」

basketball [bǽskətbɔ̀ːl バスケトボール] 「バスケットボール」

soccer [sákər サカ] 「サッカー」   tennis [ténis テニス] 「テニス」

● 「動物・植物」に関する語

children [tʃíldrən チィルドラン] ＜child 「(child 「子ども」の複数形)」

alien [éiljən エイリャン] 「宇宙の生物、宇宙人」   fish [fíʃ フィシュ] 「魚」

dog [dɔ́ːg ドーグ] 「イヌ」   bird [bə́ːrd バード] 「鳥」

cat [kǽt キャト] 「ネコ」   frog [frág フラグ] 「カエル」

tree [tríː トリー] 「木」   flower [fláuər フラウァ] 「花」

● 「町・設備・施設・自然」に関する語

swimming pool [swímiŋ pùːl スウィミング プール] 「プール」

fountain [fáuntən ファウントン] 「噴水」　　port [pɔ́ːrt ポート] 「港、港湾」

tunnel [tʌ́nəl タヌル] 「トンネル」　　rail [réil レイル] 「レール」

road [róud ロウド] 「道路」　　farm [fáːrm ファーム] 「農場」

bench [bénʧ ベンチ] 「ベンチ」　　statue [stǽtʃuː スタチュー] 「像」

park [páːrk パーク] 「公園」　　sea [síː スィー] 「海」

hill [híl ヒル] 「丘」

●テクノロジーに関する語

wheelchair [hwíːltʃèər ウィールチェア] 「車いす」

drone [dróun ドロウン] 「ドローン、無人機」

robot [róubət ロウバト] 「ロボット」

clock [klák クラク] 「時計」

● 「職業」 に関する語

programmer [próugræmər プロウグラマ] 「プログラマー」

hairdresser [héərdrèsər ヘアドレサ] 「美容師」

tour guide [túər gaid トゥァ ガイド] 「ツアーガイド、添乗員」

caregiver [kéərgivər ケアギヴァ] 「介護士」

nurse [nə́ːrs ナース] 「看護師」

florist [flɔ́ːrist フローリスト] 「花屋」

語 句

cook [kúːk クク] 「料理人」

doctor [dáktər ダクタ] 「医者」

teacher [tíːtʃər ティーチャ] 「教師」

farmer [fáːrmər ファーマ] 「農業従事者」

bus driver [bʌ́s dràivər バス ドライヴァ] 「バスの運転手」

fisher [fíʃər フィシャ] 「釣り人、漁業従事者」 ＊ fisherman

musician [mjuːzíʃən ミュージシャン] 「音楽家、ミュージシャン」

police officer [pəlíːs ɔ̀ːfəsər パリース オーフィサ] 「警察官」

scientist [sáiəntist サイァンティスト] 「科学者」

photographer [fətágrəfər ファタグラファ] 「写真家」

Get Ready! ❸　辞書で調べてみよう

WARM UP!

1.

❶ get [gét **ゲト**] 動「手に入れる」

　let [lét **レト**] 動「させる」

　pet [pét **ペト**] 名「ペット」

❷ hope [hóup **ホウプ**] 動「期待する」

　have [hǽv **ハヴ**] 動「持っている」

　help [hélp **ヘルプ**] 動「手伝う」

　hat [hǽt **ハト**] 名「(ふちのある) 帽子」

❸ pit [pít **ピト**] 名「穴」

　pet [pét **ペト**] 名「ペット」

　pot [pát **パト**] 名「つぼ」

　pat [pǽt **パト**] 動「軽くたたく」

　put [pút **プト**] 動「置く」

● 最初の文字が同じ場合は、2文字目をアルファベット順に、2文字目も同じ場合は3文字目をアルファベット順にする。

2.

❶ you [jú **ユー**] 代「あなたは [が]」

❷ thing [θíŋ **スィング**] 名「物」

❸ bridge [brídʒ **ブリヂ**] 名「橋」

❹ eat [íːt **イート**] 動「食べる」

3.

❶ hope [hóup **ホウプ**] 動「期待する」

❷ study [stʌ́di **スタディ**] 動「勉強する」

❸ stop [stáp **スタプ**] 動「止める」

❹ go [góu **ゴウ**] 動「行く」

● ❶ eで終わる語はeを取ってingをつける。　❷ yをiに変えてesをつける。　❸ pを重ねてedをつける。　❹ 形が変わる不規則動詞。

CHALLENGE!

1.

❶ dish [díʃ **ディシュ**] 名「皿」

❷ child [tʃáild **チャイルド**] 名「子ども」

❸ sheep [ʃíːp **シープ**] 名「羊」

❹ tooth [túːθ **トゥース**] 名「歯」

● ❶ 語尾にesをつける。　❷❹ 形が変わる。　❸ 単複同形。

2.

❶ sweater [swétər **スゥエタ**]

❷ knife [náif **ナイフ**]

❸ handkerchief [hǽŋkərtʃif **ハンカチィフ**]

❹ dollar [dálər **ダラ**]

❺ tunnel [tʌ́nəl **タヌル**]

❻ pudding [púdiŋ **プディング**]

❼ stew [stjú **ステュー**]

❽ virus [váiərəs **ヴァイラス**]

Get Ready! ❹ 言ってみよう　使ってみよう

1 授業が始まります！

❶ Good morning, everyone!「おはようございます、みなさん！」

❷ Good morning, Ms. Sato.「おはようございます、佐藤先生。」

❸ How are you today?「今日は、調子はどうですか？」

❹ I'm sleepy.「眠いです。」

❺ Are you ready?　Turn to page 10.

「準備はいいですか？　10ページを開いてください。」

❻ Sorry, I'm late!「すみません、遅刻しました！」

2 なんて言うの？

❶ How do you say that?「あれはなんて言うの？」

❷ It's a ladybug!「ladybug（テントウムシ）だよ！」

❸ More slowly, please.「もう少しゆっくり言ってください。」

❹ A ladybug.「ladybug」

❺ How do you spell that?「どうつづるの？」

❻ l-a-d-y-b-u-g「l-a-d-y-b-u-g」

❼ Quiet, please!「静かにしてください！」

3 ペアワークをしましょう！

❶ Make pairs, please!「ペアを作ってください！」

❷ Once more, please.「もう一度言ってください。」

❸ Make pairs.　Are you ready?「ペアを作りなさい。準備はいいですか？」

❹ Let's work together.「いっしょにしよう。」

❺ OK!「いいよ！」

4 授業が終わります！

❶ That's all for today.　Goodbye, class!

「今日はこれで終わります。さようなら、みなさん！」

❷ See you next lesson.　Don't forget your homework!

「また次の授業で。宿題を忘れないように！」

❸ Thank you!「ありがとうございました！」

❹ Goodbye, Ms. Sato and Mr. Brown!「さようなら、佐藤先生、ブラウン先生！」

❺ Homework?「宿題？」

11

Colors of Spring

カラズ　アブ　スプリング

第1課　春の色

　佐藤先生と亮、そしてアイルランドからの留学生エマが、春について話しています。春のイメージカラーの国による違いや、世界各地への文化の広がりについて、考えてみましょう。

テキストを読んでみよう①	教科書p.21

Ms. Sato : It's spring! ↘// What's a spring color / for you? ↘//

Ryo　　　: It's pink! ↘// That's the color of cherry blossoms. ↘//
チェリ　　ブラソムズ

Ms. Sato : Cherry blossoms are a symbol of spring / in Japan, but
スィンボル

　　　　　they are not only in Japan. ↘// They're in many places /

　　　　　around the world. ↘//

語句・文の研究

■ **It's spring!「春ですね！」**

　　It's = It is

　　　● 季節を表すときはitを主語にする。「それは」と訳さない。

■ **What's a spring color for you?**
■ **「あなたにとって春の色は何ですか？」**

　　What's = What is

　　　● for you は「あなたにとって」という意味。

■ **It's pink!「ピンクです！」**

　　　● It's 〜 .「それは〜です」。このItは「それは」という意味で、直前のa spring color for you を指す。

■ **That's the color of cherry blossoms.**
■ **「それは桜（の花）の色です」**

　　That's = That is

　　　● Thatは直前のpink を指す。

cherry [tʃéri チェリ] 名「桜の木」

blossom [blɑ́səm ブラソム] 名「花」

- cherry blossomsは「桜の花」という意味。blossomは梅、桜、みかんなど果樹の花を意味するときに使われる。

Cherry blossoms are a symbol of spring in Japan, but they are not only in Japan.
「桜は日本で春の象徴ですが、日本にだけあるものではありません」

- 主語のCherry blossomsは複数形なので、be動詞はareを使う。

symbol [símbəl スィンボル] 名「象徴」

- a symbol of ～は「～の象徴」という意味。

not only ～「～だけではない」

- theyは直前のCherry blossomsを指す。このareは「～があります」という意味で、are not only in Japanは「日本にだけあるわけではない」という意味。

They're in many places around the world.
「桜は世界中のたくさんの場所にあります」

They're = They are

- Theyはcherry blossomsを指す。

around the world「世界中で」

- are in many places around the worldは「世界中の多くの場所にある」という意味を表す。

和訳

佐藤先生：春ですね！あなたにとって春の色は何ですか？
亮　　　：ピンクです！それは桜（の花）の色です。
佐藤先生：桜は日本で春の象徴ですが、日本にだけあるものではありません。
　　　　　桜は世界中のたくさんの場所にあります。

CHECK! 確認しよう

❶「亮にとって春の色は何ですか」

教科書p.21の3行目参照。It's pink!とある。

❷「桜は日本で春の象徴ですか」

教科書p.21の5～6行目参照。Cherry blossoms are a symbol of spring in Japanとある。

「それは ピンク／黄色／青色／白色 です」

エマの質問は「あなたの大好きな色は何ですか」。〈It's＋色.〉で答える。

STUDY IT! ことばのしくみを学ぼう

「〜は…です」「〜は…にあります [います]」― am, are, is 〈be動詞の現在形〉

am、are、is はbe動詞と呼ばれる動詞の現在形で、主語によって使い分ける。

主語とbe動詞の関係

主語	be動詞
I	am
you	are
I, you 以外の単数 （he, she, Emma, my brother, this, it など）	is
複数（we, they, Ryo and Yui など）	are

▶ 「〜は…です」 「〜」と「…」はイコールの関係になる。

I **am** a student. （私は学生です）
└────┘ = └──────┘ （私＝学生）

You **are** a teacher. （あなたは先生です）

She **is** kind. （彼女は親切です）
└──┘ = └──┘ （彼女＝親切な）

We **are** happy. （私たちは幸せです）

They **are** my friends. （彼らは私の友だちです）

▶ 「〜は…にあります [います]」 be動詞のあとに場所を表す語句が続く。

Your book **is** on the table. 「あなたの本はテーブルの上にあります」
　　　　　　　　場所を表す語句

Emma **is** in the classroom. 「エマは教室にいます」

▶ be動詞の否定文「〜は…ではありません」「〜は…にありません [いません]」
は、be動詞のあとにnotを置く。

　（肯定文）　He is　　　　　　Ryo.（彼は亮です）
　（否定文）　He **is not[isn't]** Ryo.（彼は亮ではありません）

　　　　　　　　　　　　　　　　＊isn'tはis notの短縮形

▶ be動詞の疑問文「〜は…ですか」「〜は…にありますか [いますか]」は、
be動詞を主語の前に置く。Yes / Noの応答にもbe動詞を使う。

　（肯定文）　　She is from London.（彼女はロンドン出身です）

　（疑問文）　**Is** she　　from London?（彼女はロンドン出身ですか）

　　　　　— Yes, she **is**. / No, she **is not[isn't]**.
　　　　　—（はい、そうです／いいえ、ちがいます）

＊疑問詞を使った疑問文は、〈疑問詞 + be動詞 + 主語 〜?〉の語順。

　What **is** this?（これは何ですか）
　疑問詞　be動詞の疑問文の語順

疑問詞

what	who	whose	which	when	where	why	how
何	誰	誰の	どれ	いつ	どこ	なぜ	どのように

＊ what time、whose bag、which book など〈疑問詞 + 名詞〉で疑問詞のは
たらきをするものもある。

DRILL

❶「私は空腹です」
　● 主語はI。
❷「彼らは学生ではありません」
　● 主語は複数。
❸「空は青いですか」
　● 主語はI、you以外の単数。

Emma : In Ireland, / the color of spring is green.↘// We wear green
アイアランド

and join parades / on St. Patrick's Day.↘//
パレイズ セイント パトリク

Ryo : Why do you wear green?↘//

Emma : Green is our national color.↘ // You see parades in many
ナショナル

places / even in Tokyo.↘//

Ryo : I don't believe it.↘// What a small world!↘//

語句・文の研究

In Ireland, the color of spring is green.
「アイルランドでは、春の色は緑だよ」

Ireland「アイルランド」（アイルランド島にある共和国）
Ireland [áiərlənd アイアランド] 图「アイルランド」 正式名称はThe Republic
of Irelandといい、北大西洋のアイルランド島の大部分を領土とする国
家。12世紀に英国の支配を受け始め、17世紀に完全に植民地化された。
1949年に正式に独立を果たす。

We wear green and join parades on St. Patrick's Day. 📖
「私たちは聖パトリックの祭日に緑のものを身に着けてパレードに参加します」

● wear green「緑のものを身に着ける」
parade [pəréid パレイド] 图「パレード」
St. Patrick [sèint pǽtrik セイント パトリク] 图「聖パトリック（アイルランドの
守護聖人）」
St. Patrick's Day 「聖パトリック（アイルランドの守護聖人）の祭日（3
月17日）」

Why do you wear green? 📖
「なぜ緑のものを身に着けるの？」

● Why 〜?「なぜ〜なのですか」

Green is our national color.
「緑は私たちのナショナルカラーだよ」

national [nǽʃənəl **ナショナル**] 形 「全国的な、国家の」
- national color　その国を象徴するイメージカラー。国旗を元にした色が使われることが多い。

You see parades in many places even in Tokyo.
「たくさんの場所でパレードを見ます、東京でさえも」
- even in Tokyo「東京でさえも」　even は「〜でさえ」という意味。

I don't believe it.
「信じられない」

I don't believe it.「信じられない、本当？」
don't = do not
- it は「たくさんの場所でパレードを見ることができること」を指す。

What a small world!
「なんて小さな世界なんだろう！」

What a small world!「なんて小さな世界なんだろう！」
- What 〜 ! は「なんて〜なのだろう！」を意味する感嘆文。

> **和訳**
>
> エマ：アイルランドでは、春の色は緑だよ。私たちは聖パトリックの祭日に
> 　　　緑のものを身に着けてパレードに参加します。
> 亮　：なぜ緑のものを身に着けるの？
> エマ：緑は私たちのナショナルカラーだよ。たくさんの場所でパレードを見ます、
> 　　　東京でさえも。
> 亮　：信じられない。なんて小さな世界なんだろう！

CHECK!　確認しよう

❶ **「アイルランドのナショナルカラーは何ですか」**
教科書 p.23 の 5 行目参照。Green is our national color. とある。our はエマの国の人全般を指す。

❷ **「日本で、私たちは聖パトリックの祭日のパレードを見ますか」**
教科書 p.23 の 6〜7 行目参照。You see parades in many places even in Tokyo. とある。

「そうですね、私は 桜(の花) を楽しみます」

エマの質問は「あなたは春に何を楽しみますか」。〈I enjoy ＋楽しむ内容.〉の形
で答える。

STUDY IT! ことばのしくみを学ぼう

「～は…します」― work, live, speak など〈一般動詞の現在形〉

「～は…します」という動作などを表す動詞を一般動詞という。

▶ be動詞(am、are、is)が主語の状態や様子を表すのに対し、go、studyなどの一般動詞は主語の動作を表す。

  We <u>are</u> hungry. (私たちは空腹です)   状態・様子
   be動詞

  We **make** lunch. (私たちは昼食を**作ります**)   動作
   一般動詞

▶ 主語が3人称単数(I、you以外の単数)で現在のとき、動詞の形が変わる。この形を3人称単数現在形という。

  I **study** math. (私は数学を勉強します)

  主語がI 動詞の形は変わらない

  Ryo stud**ies** math. (**亮は**数学を**勉強します**)

  主語が3人称単数 動詞の形が変わる(3人称単数現在形になる)

▶ 規則的に変化する規則動詞と、不規則に変化する不規則動詞がある。

3人称単数現在形

● 規則変化

動詞の語尾がs, sh, ch, x, o	esをつける	goes, teaches, washes など
語尾が子音字(a, i, u, e, o以外のアルファベット)＋y	yをiに変えてesをつける	studies, cries, tries など
上記以外	sをつける	helps, plays, makes など

● 不規則変化

形が変わる	have → has	

▶一般動詞の否定文「〜は…しません」は、一般動詞の前に do not[don't]、does not[doesn't] を置く。否定文の動詞は原形 (-(e)sがつかないもとの形) になる。

＊主語がI、you、複数の文

I   play the guitar. (私はギターを弾きます)
                現在形

I **do not[don't]** play the guitar. (私はギターを弾きません)
               原形

＊主語が3人称単数の文

He   goes to a concert. (彼はコンサートに行きます)
                 3人称単数現在形

He **does not[doesn't]** go   to a concert. (彼はコンサートに行きません)
                  原形

▶一般動詞の疑問文「〜は…しますか」は、主語の前に Do、Does を置く。Yes / No の応答にも do、does を使う。

＊主語がI、you、複数の文

Do they speak English? — Yes, they **do**. / No, they **do not[don't]**.
(彼らは英語を話しますか) — (はい、話します／いいえ、話しません)

＊主語が3人称単数の文

Does she like sports? — Yes, she **does**. / No, she **does not[doesn't]**.
       原形   答えの文もdoesを使う

(彼女はスポーツが好きですか) — (はい、好きです／いいえ、好きではありません)

＊疑問詞を使った疑問文は、〈疑問詞＋一般動詞の疑問文?〉の語順。

What **do** you like? (あなた (たち) は何が好きですか)

When **does** Ryo practice soccer? (亮はいつサッカーを練習しますか)
          一般動詞の疑問文の語順

DRILL

❶「ボブは6時30分に起きます」
- 主語の Bob は3人称単数。

❷「私は6時に起きません」
- 主語は I で否定文。

❸「あなた (たち) は毎朝いつ起きますか」
- 主語は you で疑問文。

Dick Bruna

ディク　ブルーナ　　　　　　　　　　第2課　ディック・ブルーナ

うさぎのキャラクター、ミッフィーの作者であるディック・ブルーナさんの写真を見ながら、ブラウン先生と結衣が話をしています。彼はどんな活躍をしたのでしょうか？

テキストを読んでみよう①　　　　　　　　　　　　　　　　　教科書p.25

Mr. Brown : Do you know Dick Bruna? ↗//
　　　　　　　　　ディク　ブルーナ

Yui　　　　: Sorry, / I don't. ↘//

Mr. Brown : He's the creator of Miffy. ↘//
　　　　　　　　　　　　クリエイタ　　ミフィ

Yui　　　　: Oh, / I know Miffy! ↘//

Mr. Brown : Dick was not only an illustrator / but also a graphic
　　　　　　　　　　　　　　　　　　イラストレイタ　　　　　　　　　グラフィク

　　　　　　designer. ↘//
　　　　　　ディザイナ

　　　　　　His works are simple and beautiful. ↘//
　　　　　　　　　　　　　　スィンプル

Yui　　　　: Where was he from? ↘//

Mr. Brown : He was from the Netherlands. ↘//
　　　　　　　　　　　　　　　　ネザランヅ

語句・文の研究

■ **Dick Bruna「ディック・ブルーナ」**

Dick Bruna [dik brúːnə ディク ブルーナ] 图「ディック・ブルーナ (人名)」
1927年〜2017年。世界的に有名なオランダの絵本作家・グラフィックデザイナー。

■ **Do you know Dick Bruna?**
■ **「ディック・ブルーナを知っていますか？」**

　　●Do you 〜?は一般動詞の疑問文。「あなたは〜しますか」という意味。

Sorry, I don't.
「すみません、知りません」
- Do you ～?に対してYes / Noを使わずに答えることもできる。
- don'tのあとにknow him (= Dick Bruna)が省略されている。

He's the creator of Miffy.
「彼はミッフィーをつくった人です」
creator [kriéitər クリエイタ] 图「創作者」
Miffy [mífi ミフィ] 图「ミッフィー」 ディック・ブルーナが描いた絵本の主人公で、うさぎの女の子。「ミッフィー」は英国名。本名 (オランダ名) はナインチェ・プラウス。日本では「うさこちゃん」としても知られる。

Oh, I know Miffy!
「あっ、ミッフィーを知っています！」
- ohは驚きや感動などを表す。

Dick was not only an illustrator but also a graphic designer. 目
「ディックはイラストレーターだっただけでなく、グラフィックデザイナーでもありました」
- wasはisの過去形。「～は…でした」
not only ～ but also ... 「～だけでなく…も」
illustrator [iləstrèitər イラストレイタ] 图「イラストレーター」
graphic [grǽfik グラフィク] 圏「グラフィック [画像] の」
designer [dizáinər ディザイナ] 图「デザイナー」

His works are simple and beautiful.
「彼の作品は、シンプルで美しいです」
works「作品」
- worksは「作品」という意味の名詞。
simple [símpl スィンプル] 圏「簡単な、質素な」

Where was he from? 目
「彼はどこの出身でしたか？」
be from ～ 「～出身で」
- 疑問詞で始まる、be動詞の過去の疑問文。「どこで～でしたか」「～はどこでしたか」

He was from the Netherlands. 📖
「オランダ出身でした」

the Netherlands「オランダ」（ヨーロッパ北部の王国）

Netherlands [néðərləndz ネザランヅ] 图「〔the Netherlands〕オランダ」

● 出身地は〈be動詞＋from＋地名〉で表す。

和訳

ブラウン先生：ディック・ブルーナを知っていますか？ 結衣　　　　：すみません、知りません。 ブラウン先生：彼はミッフィーをつくった人です。 結衣　　　　：あっ、ミッフィーを知っています！ ブラウン先生：ディックはイラストレーターだっただけでなく、グラフィック 　　　　　　　デザイナーでもありました。彼の作品は、シンプルで美しいです。 結衣　　　　：彼はどこの出身でしたか？ ブラウン先生：オランダ出身でした。

CHECK! 確認しよう

❶「ディックの絵はシンプルですか」

教科書p.25の6～7行目参照。His works are simple and beautiful. とある。

❷「ディックの故郷はどこでしたか」

教科書p.25の最終文参照。He was from the Netherlands. とある。

TALK! 話してみよう

「(それは) ミッフィー／スヌーピー／ハローキティ／ミッキーマウス です」

ブラウン先生の質問は「あなたが幼かったとき、大好きなキャラクターは何でしたか」。It was に続きキャラクター名を答える。

STUDY IT! ことばのしくみを学ぼう

「～は…でした」— was, were 〈be動詞の過去形〉

「～でした」「～にいました」と過去の状態について表すときは、be動詞の過去形を用いる。

▶be動詞の過去形は、am、is は was、are は were になる。

He is a teacher. (彼は教師です)

現在形

He **was** a teacher. (彼は教師**でした**)
　　過去形

We are happy. (私たちは幸せです)
　　現在形

We **were** happy. (私たちは幸せ**でした**)
　　過去形

▶ be動詞の過去の否定文「〜は…ではありませんでした」は、was、
were のあとに not を置く。

　（肯定文）　She was　　　　　　　my classmate.
　　　　　　　　　　　　　　　　　　(彼女は私の同級生でした)
　（否定文）　She **was not**[**wasn't**] my classmate.
　　　　　　　　　　　　　　　　(彼女は私の同級生ではありませんでした)
　＊ was not の短縮形は **wasn't**、were not の短縮形は **weren't**。

▶ be動詞の過去の疑問文は、was、were を主語の前に置く。Yes / No の
応答にも was、were を使う。

　（肯定文）　　　　Yui was in Tokyo. (結衣は東京にいました)
　（疑問文）　**Was** Yui　　in Tokyo? — Yes, she **was**. / No, she
　　　　　　　　　　　　　　　　　　　was not[**wasn't**].
　　　(結衣は東京にいましたか) — (はい、いました／いいえ、いませんでした)
　＊疑問詞を使った疑問文は、〈疑問詞＋be動詞の過去形＋主語 〜?〉の語順。
　When **were** you in Hokkaido? (あなたはいつ北海道にいましたか)
　　　　be動詞の過去の疑問文の語順
　＊疑問詞 who は文の主語になるため、肯定文と同じ語順になる。
　Who **was** in the classroom then? (誰がそのとき教室にいましたか)
　　　　肯定文と同じ語順

DRILL

❶ 「ケンは小さい子どもでした」
　● is を過去形にする。
❷ 「彼らは幸せではありませんでした」
　● aren't は are not の短縮形。are を過去形にして、さらに短縮形にする。
❸ 「メアリーは学校にいましたか」
　● Is を過去形にする。

Mr. Brown： In the beginning, / Dick created Miffy for his son. ↘//
ビ**ギ**ニング　　　　　　　クリ**エ**イティド

Then / he published the stories. ↘//
パブリシュト

Yui 　　　　： Did he publish many Miffy stories? ↗//

Mr. Brown： Yes. ↘// And Miffy books are now /

in over 50 languages. ↘//

Yui 　　　　： Wow! ↘// I didn't know that. ↘//

Mr. Brown： He also drew illustrations for charity groups. ↘//
ド**ル**ー　イラスト**レ**イションズ　**チャ**リティ

His works won many awards. ↘//
ワン　　　　　ア**ウォ**ーズ

語句・文の研究

In the beginning, Dick created Miffy for his son. 📖
「最初は、ディックはミッフィーを息子のために作りました」

　　in the beginning「最初は」
　　beginning [biɡíniŋ ビ**ギ**ニング] 图「初め」
　　create [kriéit クリ**エ**イト] 動「～を作り出す」

Then he published the stories. 📖
「それから彼はその物語を出版しました」

　　● then「それから」　ここでは「息子のためにミッフィーを作ったあと」
　　　を意味する。
　　publish [pʌ́bliʃ **パ**ブリシュ] 動「～を出版する」

Did he publish many Miffy stories? 📖
「彼はたくさんのミッフィーの物語を出版しましたか？」

　　● Did he ～?は「彼は～しましたか」という一般動詞の過去の疑問文。

Yes. And Miffy books are now in over 50 languages.
「はい。そしてミッフィーの本は今50以上の言語に訳されています」

be in over 50 languages「50以上の言語に訳されている」
- over 50 languages「50以上の言語」 inは状態を表す前置詞。

Wow! I didn't know that. 📖
「わあっ！ それは知りませんでした」

didn't = did not
- I didn't 〜.「私は〜しませんでした」 一般動詞の過去の否定文。
- thatは直前の1文の内容（ミッフィーの本が50以上の言語に訳されていること）を指す。

He also drew illustrations for charity groups. 📖
「彼はまた慈善団体のためにイラストを描きました」

drew [drúː ドルー] 動「draw（〜（絵）を描く）の過去形」
illustration [iləstréiʃən イラストレイション] 名「さし絵、イラスト」
charity [tʃǽrəti チャリティ] 名「慈善、チャリティー」
- charity group「慈善団体、チャリティーグループ」

His works won many awards. 📖
「彼の作品はたくさん受賞しました」

- worksは「作品」の意味。
won [wʌ́n ワン] 動「win（〜を勝ち取る）の過去・過去分詞形」
award [əwɔ́ːrd アウォード] 名「賞」
win an award「受賞する」

和訳

ブラウン先生：最初は、ディックはミッフィーを息子のためにつくりました。それから彼はその物語を出版しました。
結衣　　　　：彼はたくさんのミッフィーの物語を出版しましたか？
ブラウン先生：はい。そしてミッフィーの本は今50以上の言語に訳されています。
結衣　　　　：わあっ！ それは知りませんでした。
ブラウン先生：彼はまた慈善団体のためにイラストを描きました。彼の作品はたくさん受賞しました。

❶「ディックは息子のために何を作りましたか」

教科書p.27の1行目参照。Dick created Miffy for his son とある。

❷「ディックはたくさん受賞しましたか」

教科書p.27の最終文参照。His works won many awards. とある。

TALK! 話してみよう

「私は 電車 に関する本を読みました」

ブラウン先生の質問は「あなたは子どものころ、何を読みましたか」

あなたが答える文のreadは過去形。つづりは原形のread［リード］と同じだが、過去形の発音は［レド］なので気を付ける。

STUDY IT! ことばのしくみを学ぼう

「～は…しました」― worked, lived, spoke など〈一般動詞の過去形〉

「～は…しました」という過去の動作は、一般動詞の過去形で表す。

＊一般動詞の過去形は主語によって使い分けをしない。

＊過去形にも規則変化と不規則変化がある。

一般動詞の過去形

●規則変化

原形の語尾がe	dをつける	liked, used, hoped など
語尾が子音字 + y	yをiに変えてedをつける	studied, tried, cried など
語尾が短母音 + 子音字	語尾の文字を重ねてedをつける	stopped など
上記以外	原形にedをつける	looked, helped, talked など

●不規則変化

形が変わる	have → had, go → went, make → made, see → saw など

▶肯定文「～しました」

We **watched** a soccer game. (私たちはサッカーの試合を**見ました**)

He **watched** TV last night. (彼は昨夜テレビを**見ました**)

　→主語によって動詞の形を使い分けることはしない。

▶否定文「〜は…しませんでした」は、一般動詞の前に did not[didn't] を置く。動詞は原形 (もとの形) になる。

（肯定文）　Ken 　　　　　　　studied math yesterday.
　　　　　　　　　　　　　　　　過去形　　（ケンは昨日数学を勉強しました）

（否定文）　Ken **did not**[**didn't**] study　　math yesterday.
　　　　　　　　　　　　　　　　原形（ケンは昨日数学を勉強しませんでした）

＊ did not の短縮形は **didn't**。

▶疑問文「〜は…しましたか」は、主語の前に Did を置く。Yes / No の応答にも did を使う。動詞は原形を使う。

（肯定文）　　　　Mike cleaned his room.（マイクは彼の部屋を掃除しました）
　　　　　　　　　　　　　過去形

（疑問文）　**Did** Mike clean　　his room?（マイクは彼の部屋を掃除しましたか）
　　　　　　　　　　　　原形

　　　　　　— Yes, he **did**. / No, he **did not**[**didn't**].
　　　　　　— （はい、しました／いいえ、しませんでした）

＊疑問詞を使った疑問文は、〈疑問詞 + 一般動詞の過去の疑問文?〉の語順。

When **did** Yui go shopping?（結衣は、いつ買い物に行きましたか）
　　　一般動詞の過去の疑問文の語順

DRILL

❶「私たちはラグビーをしました」
● play を過去形にする。

❷「私は昼食を作りませんでした」
● don't を過去形にする。don't は do not の短縮形。

❸「あなたはこの机を使いましたか」
● Do を過去形にする。

LESSON 3 | Interesting Sports

インタレスティング　スポーツ　　第3課　おもしろいスポーツ

　萌とアメリカからの留学生マイクが、おもしろいスポーツについて話しています。あなたはどんな競技に挑戦してみたいですか？

テキストを読んでみよう①　　　　　　　　　　　　　　教科書p.29

Mike：Hey, Moe! ↘// What are you doing? ↘//

Moe ：Hi, Mike. ↘// I'm watching a video of an interesting sport. ↘//

　　　　Do you know slacklining? ↗//
　　　　　　　　　スラクライニング

Mike：No, / show me. ↘// Wow! ↘// What's she doing? ↘//

Moe ：She's walking / on a rope. ↘//
　　　　　　　　　　　　　　ロウプ

Mike：It looks difficult! ↘//

Moe ：Yes. ↘// This sport improves your concentration and
　　　　　　　　　　　　　　　インプルーヴズ　　　　　　　カンセントレイション

　　　　balance. ↘//
　　　　バランス

語句・文の研究

Hey, Moe! What are you doing?
「ねえ、萌！ 何をしているの？」

- What are you doing? は現在進行形の疑問文。「あなたは何をしていますか」

Hi, Mike. I'm watching a video of an interesting sport.
「こんにちは、マイク。おもしろいスポーツの動画を見ているところだよ」

　I'm＝I am

- I'm ～ing. は現在進行形の文。「私は～しているところです」
- a video of ～「～の動画［ビデオ］」
- interesting sport は「人の関心を引くスポーツ、興味深いスポーツ」という意味。

28

Do you know slacklining?
「スラックラインって知ってる？」

slacklining 「スラックライン」

slacklining [slǽklàiniŋ スラクラィニング] 图「スラックライン」2本の木の間にスラックラインと呼ばれる細いベルト状のラインを張り、ラインの上でバランスをとったり技を行ったりする。バランス感覚や集中力を鍛えるトレーニングにも使われる。スポーツ競技としても認定されている。

No, show me.
「いや、見せて」

● show me のあとに the video を補い、「僕にその動画を見せて」と言っていると考える。〈show ＋ 人 ＋ ものなど〉「（人）に〜を見せる」

Wow! What's she doing? 🔲
「わあっ！ 彼女は何をしているの？」

● What's は What is の短縮形。現在進行形の疑問文。主語が she なので be 動詞は is が使われている。

She's walking on a rope. 🔲
「彼女はロープの上を歩いているよ」

She's ＝ She is

● 現在進行形の文。「彼女は〜しているところです」

rope [róup ロウプ] 图「ロープ」

It looks difficult!
「難しそう！」

● It は直前の文の内容（ロープの上で歩いていること）を指す。
● 〈look ＋ 形容詞〉は「〜に見える」という意味。

Yes. This sport improves your concentration and balance.
「うん。このスポーツは集中力とバランスを上達させるよ」

● This sport は slacklining を指す。

improve [imprúːv インプルーヴ] 動「〜をよりよくする、進歩させる」
concentration [kὰnsəntréiʃən カンセントレイション] 图「精神の集中」
balance [bǽləns バランス] 图「バランス」

マイク：ねえ、萌！何をしているの？
萌　　：こんにちは、マイク。おもしろいスポーツの動画を見ているところだよ。
　　　　スラックラインって知ってる？
マイク：いや、見せて。わあっ！彼女は何をしているの？
萌　　：彼女はロープの上を歩いているよ。
マイク：難しそう！
萌　　：うん。このスポーツは集中力とバランスを上達させるよ。

CHECK! 確認しよう

❶「マイクはスラックラインについて多くを知っていますか」
　教科書p.29の3〜5行目参照。Do you know slacklining? に対してNoと答えている。

❷「スラックラインは何を上達させますか」
　教科書p.29の9〜10行目参照。This sport improves your concentration and balance. とある。

TALK! 話してみよう

「はい、私は テニス／バドミントン／ラグビー／バスケットボール をします」

マイクの質問は「あなたは学校で何かスポーツをしますか」。まずYes / Noで答える。続いてI play 〜.の形で、部活動や体育の授業などで行うスポーツ名を答える。

STUDY IT! ことばのしくみを学ぼう

「〜しているところです」― be動詞(am, are, is)＋動詞の-ing形〈現在進行形〉

〈be動詞(am, are, is)＋動詞の-ing形〉は「〜しているところです」という意味で、今している最中の動作を表す。

▶現在進行形は〈**be動詞**(am, are, is)**＋動詞の-ing形**〉の形。be動詞は主語によって使い分ける。

（現在形の文）
Mike <u>studies</u> Japanese.（マイクは日本語を勉強します）
　　　現在形

（現在進行形の文）

Mike **is studying** Japanese.（マイクは日本語を勉強**しているところです**）

be動詞＋動詞の-ing形

動詞の-ing形の作り方

原形の語尾がe	eをとってingをつける	making, using など
語尾が短母音＋子音字	語尾の文字を重ねてingをつける	getting, running, swimming など
上記以外	語尾にingをつける	walking, talking, playing など

▶現在進行形の否定文「〜しているところではありません」は、be動詞のあとにnotを置く。

（肯定文）　Moe is　　　　　　talking with Ryo.

（萌は亮と話しているところです）

（否定文）　Moe **is not[isn't]** talking with Ryo.

be動詞のあとにnotを置く　（萌は亮と話しているところではありません）

＊be動詞の短縮形 is not = **isn't**、are not = **aren't**

▶現在進行形の疑問文「〜しているところですか」は、be動詞を主語の前に置く。Yes / Noの応答にもbe動詞を使う。

（肯定文）　　Yui is playing the piano.（結衣はピアノを弾いているところです）

（疑問文）**Is** Yui　**playing** the piano?

be動詞を主語の前に置く　（結衣はピアノを弾いているところですか）

— Yes, she **is**. / No, she **is not[isn't]**.

— （はい、そうです／いいえ、ちがいます）

＊疑問詞を使った疑問文は、〈疑問詞＋現在進行形の疑問文?〉の語順。

What **is** Mike **doing?** （マイクは何をしているところですか）

疑問詞　　現在進行形の疑問文

DRILL

❶「私たちは夕食を楽しんでいるところです」

● 〈be動詞＋動詞の-ing形〉の形にする。

❷「私はテレビゲームをしているところではありません」

● 現在進行形の否定文は、be動詞のあとにnotを置く。don'tは不要。

❸「彼はコンピュータを使っているところですか」

● 現在進行形の疑問文は、〈be動詞＋主語＋動詞の-ing形 〜?〉の形。Doesは不要。

Moe ：I was walking with my brother yesterday. ↘// I saw you / in

the park. ↘// What were you doing? ↘//

Mike：We were playing bubble soccer. ↘//
バブル

Moe ：What's that? ↘//

Mike：It's a kind of soccer, / but each player wears a big plastic
プラスティック

ball. ↘// We were bumping into each other / and bouncing. ↘//
バンピング   バウンシング

It was really exciting! ↘//

Moe ：Sounds fun! ↘//

語句・文の研究

I was walking with my brother yesterday.
「昨日、私は兄［弟］と歩いていたんだ」
- 〈be動詞の過去形＋動詞の-ing形〉 過去進行形の文。「～していました」という意味を表す。
- wasはam、isの過去形。

I saw you in the park.
「公園であなたを見たよ」
- sawはsee「～を見る」の過去形。

What were you doing?
「何をしていたの？」
- 〈疑問詞＋be動詞の過去形＋主語＋動詞の-ing形 ～?〉は疑問詞で始まる過去進行形の疑問文。疑問詞whatの場合は「何を～していましたか」。
- wereはareの過去形。

We were playing bubble soccer.
「僕たちはバブルサッカーをしていたよ」

bubble soccer「バブルサッカー」 2009年頃、ノルウェーのバラエティ
番組が企画し、動画サイトで話題になって広まった新しいスポーツ。ヨー
ロッパ、北アメリカ、オーストラリアなどでチームが作られており、日本
でも紹介された。各プレイヤーがBUMPER（バブルボール）という透明
なビニール製の球体に身を包んで競技する。統一したルールはなく、4人
対4人もしくは5人対5人で行われる。

bubble [bʌ́bl バブル] 名「あわ、あぶく」

● 過去進行形の文。「〜していました」

What's that?「それは何？」

● thatは直前のbubble soccerを指す。

It's a kind of soccer, but each player wears a big plastic ball.
「一種のサッカーだよ、でもそれぞれの選手が大きなビニール製のボールを身
につけるんだ」

a kind of 〜「一種の〜」

● each player「各選手」 eachは「それぞれの〜」という意味で、単数
扱いになるので、動詞は3人称単数現在形のwearsになっている。

plastic ball「ビニール製のボール」

plastic [plǽstik プラスティク] 形「プラスチック［ビニール］（製）の」

We were bumping into each other and bouncing.
「僕たちはお互いにぶつかったりはね返ったりしていたんだ」

bump into 〜「〜にぶつかる」

each other「お互い」

bump [bʌ́mp バンプ] 動「ぶつかる」

● bump into each other「お互いにぶつかり合う」

bounce [báuns バウンス] 動「（人が）飛びはねる」

● 過去進行形の文。「〜していました」 bounceはeをとってingをつける。

It was really exciting!「とても刺激的だったよ！」

● Itは直前の1文の内容（バブルサッカーでお互いにぶつかり合ったりは
ね返ったりしていたこと）を指す。

● excitingは「わくわくする」「興奮させる」という意味の形容詞。動詞

の-ing形ではないので、過去進行形の文ではない。

▌ Sounds fun!「おもしろそうだね！」

Sounds fun!「おもしろそうだね！」 主語のIt[That] が省略され、動詞soundの3人称単数現在形で始まっている。

● 〈sound＋形容詞〉「～に聞こえる」

萌	：昨日、私は兄［弟］と歩いていたんだ。公園であなたを見たよ。何をしていたの？
マイク	：僕たちはバブルサッカーをしていたよ。
萌	：それは何？
マイク	：一種のサッカーだよ、でもそれぞれの選手が大きなビニール製のボールを身につけるんだ。僕たちはお互いにぶつかったりはね返ったりしていたんだ。とても刺激的だったよ！
萌	：おもしろそうだね！

CHECK! 確認しよう

❶「マイクは昨日、バブルサッカーをしましたか」

教科書p.31の4行目参照。We were playing bubble soccer. とある。

❷「バブルサッカーの競技者は何を身につけますか」

教科書p.31の本文6～7行目参照。each player wears a big plastic ball とある。

TALK! 話してみよう

「ごめんなさい、私は テレビを見ていました 」

マイクはあなたに「僕は昨夜8時にあなたに電話したけれど、出なかったね」と言っている。電話に出なかった理由を、「～していました」という過去進行形を使って答える。

STUDY IT! ことばのしくみを学ぼう

「～しているところでした」― be動詞（was, were）＋動詞の-ing形〈過去進行形〉

過去進行形は「～しているところでした」という意味で、過去のある時点に進行中だった動作を表す。be動詞は主語によって使い分ける。

▶肯定文「～しているところでした」
（過去の文）
Moe <u>helped</u> her brother.（萌は兄［弟］を手伝いました）
　　　　過去形
（過去進行形の文）
Moe **was helping** her brother.（萌は兄［弟］を**手伝っているところでした**）
be動詞の過去形＋動詞の-ing形

▶否定文「～しているところではありませんでした」は、be動詞のあとに
notを置く。
Ken **was not[wasn't] practicing** soccer.（ケンはサッカーを練習をして
be動詞＋not＋動詞の-ing形　　　　　**いるところではありませんでした**）

▶疑問文「～しているところでしたか」は、主語の前にbe動詞の過去形を
置く。Yes / Noの応答にもbe動詞の過去形を使う。
Were you **reading** a book?（あなたは本を**読んでいるところでしたか**）
be動詞を主語の前に置く

— Yes, I **was**. / No, I **was not[wasn't]**.
—（はい、読んでいました／いいえ、読んでいませんでした）
＊疑問詞を使った疑問文は、〈疑問詞＋過去進行形の疑問文?〉の語順。
What **was** Emma **doing**?（エマは何をしているところでしたか）

▶過去進行形の文でよく用いられる語句
過去進行形の文は、then（そのとき）、at that time（そのときに、その時間に）、
at ～ last night（昨夜～時に）などの語句とともに用いられることが多い。

DRILL
❶「私はテレビを見ているところでした」
● be動詞の過去形のあとにwatchの-ing形を続ける。
❷「彼らはラジオを聞いているところではありませんでした」
● be動詞の過去形のあとにnotを置く。
❸「彼女は泳いでいるところでしたか」
● be動詞の過去形で疑問文を始める。swimはmを重ねてingをつける。

Take a Break! 1

ののちゃん　Nono-chan

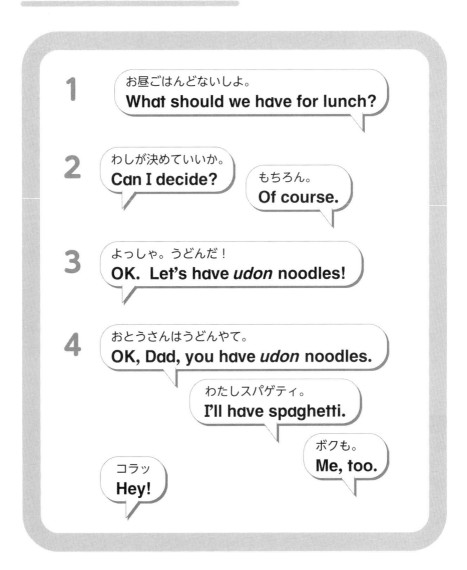

語句

☆ noodle [núːdl ヌードル] 名「麺」

☆ spaghetti [spəgéti スパゲティ] 名「スパゲッティ」

話し言葉を英語にするコツは、英語に直しやすい日本語を考えることです。
・省略されている主語などを補う。
・難しい言葉や言い回しを簡単なものに置きかえる。
・話し言葉のもつニュアンスを考える。

1 「お昼ごはんどないしよ」→ **「私たちはお昼ごはんに何を食べるべきでしょうか」**
  * 主語を補う。ののちゃん一家がお昼ごはんを食べる相談をしているので、「私
    たち」(we) を補う。
  * 「どないしよ (どうしましょう)」を「何を食べるべきでしょうか」に置き
    かえる。What shall we have for lunch?「お昼ごはんに何を食べましょうか」
    でもよい。

2 「わしが決めていいか」→ **「私が決めてもいいですか」**
  * 「～してもいいですか」は Can I ～?で表す。「決める」は decide。
  「もちろん」
  * このまま使える。「もちろん」は of course。

3 「よっしゃ。うどんだ！」→ **「よし、うどんを食べよう」**
  * 「お父さん」は家族みんなでうどんを食べると思っているので、「～を食べ
    ましょう」Let's have ～ . という表現を使う。「うどん」は *udon* noodles。

4 「おとうさんはうどんやて」→ **「お父さんはうどんを食べますね」**
  * 「お母さん」と「ののちゃん」、「お兄さん」は、それぞれが好きなメニュー
    を選ぶつもりでいる。したがって「(お父さんに)あなたはうどんを食べま
    す」という言い方になる。
  「わたしスパゲティ」→ **「私はスパゲッティを食べます」**
  * 「私は～を食べます」は I'll have ～ . または I'd like ～ .
  「ボクも」→ **「私もスパゲッティを食べます」**
  * 「私もそうです」は Me, too. で表す。ここでは I'll have spaghetti, too. と同意。
  「コラッ」→ **「おい！」**
  * hey は驚きや怒りなどを表すときに使われる。ここでは「おい、(お前ら
    はうどんを食べないのか)」という気持ちが込められている。

How About This One? ① 1

こちらはいかがですか

1　　**KEY EXPRESSIONS!**　　　　　　　　対話を聞いて練習する。

Clerk: Good afternoon. May I help you?↗
　　　　　　　　　　　　　　メイアイヘルプユ

Yoko: Yes, please. I'm looking for a sweater.
　　　　　　　　　　　　　　　　　　スウェタ

Clerk: How about this one?↘ It looks nice on you.
　　　　　　　　　　　　　　　　　　スウェタ

Yoko: I like the color. I'll take_it.
　　　　　　　　　　　　　テイキト

重要表現

● How about this one?「こちらはいかがですか」
　How about 〜?は「〜はどうですか」と、ものをすすめたり、ものごとを提
　案したり、相手の意見をたずねたりするときに用いる。
　例 How about you?「あなたはどうですか／あなたの意見 [考え] は？」

和訳

店員：こんにちは。何かおさがしですか。
ヨウコ：はい、セーターをさがしています。
店員：こちらはいかがですか。そちらはお客様にお似合いですよ。
ヨウコ：すてきな色ですね。それをください。

語句

☆clerk [kló:rk クラーク] 名「店員」
☆sweater [swétər スウェタ] 名「セーター」

- **May[Can] I help you?** 「いらっしゃいませ／何かおさがしですか」
  店員が客に最初に声をかけるときの定番表現。日本語の「いらっしゃいませ」に相当するが、こう声をかけられたら、用件を伝える前にYes, please.「はい」と答える。特に用がない場合は、Just looking, thanks.「見ているだけです」などと言う。
- **How about this one?** 「こちらはいかがですか」
- **It looks nice[good] on you.** 「そちらはお客様にお似合いですよ」
  Itは検討中の商品を指す。〈look + 形容詞〉は「～に見える」という意味。onは着用を表し、on youは「お客様がお召しになられて(いる状態)」を意味する。
- **I'll take it.** 「それをください」
  客が購入を決めたときの表現。takeは「買う」を意味する。

A: Hello. Can I help you?
B: Yes. I want a T-shirt.
A: How about this **yellow** one?
B: Sorry, I don't like the color.
A: Then how about the **red** one?
  It's **10** dollars. It looks good on you.
B: It's nice. I'll take it.

和訳

A：こんにちは。何かおさがしですか。
B：はい。Tシャツがほしいのです。
A：この**黄色い**のはいかがですか。
B：すみません、その色は好みではありません。
A：では**赤い**のはどうですか。
　　10ドルです。そちらはお客様にお似合いですよ。
B：すてきですね。それをください。

語句
☆T-shirt [tíːʃəːrt **ティーシャート**] 图「Tシャツ」
☆dollar [dálər **ダラ**] 图「ドル (貨幣の単位)」

Pictograms
ピクトグラムズ

第4課　ピクトグラム

文字の代わりに絵で意味を伝える「ピクトグラム」。街中や、オリンピックな
どのイベント会場で使われています。国際社会で果たす、その重要な役割とは？

テキストを読んでみよう①

教科書p.38

Can you understand / these Olympic pictograms? ♪ //
オリンピク　ピクトグラムズ

People from around the world / attend the Olympics. ↘ //
アテンド　　　　オリンピクス

But many visitors / cannot understand / the local language. ↘ //
ヴィズィタズ　　　　　　　　　ロウカル

For the 1964 Tokyo Olympics, / the design team / used these
ディザイン

simple signs / for the first time. ↘ // Everyone understood their
サインズ　　　　　　　　　　　　　　　　　アンダストゥド

meanings. ↘ // As a result, / we will see pictograms / at every
ミーニングズ　　　　リザルト

Olympics. ↘ //

語句・文の研究

▌ **Pictograms 「ピクトグラム」**

pictogram [píktəgræm ピクトグラム] 图 「絵文字、ピクトグラム」
ピクトグラムは公共の施設などで使われる、視覚的に意味を伝える絵文字。
スポーツピクトグラムは日本発祥と言われる。

▌ **Can you understand these Olympic pictograms?**
「これらのオリンピックのピクトグラムがわかりますか？」

Olympic [əlímpik オリンピク] 圏 「オリンピックの」

● Can you 〜?は「あなたは〜することができますか」とたずねるときの
表現。

▌ **People from around the world attend the Olympics.**
「世界中からやって来た人々がオリンピックに出席します」

〜from around the world 「世界中からやって来た〜」

attend [əténd アテンド] 動「〜に出席する、出る」

Olympics [əlímpiks オリンピクス] 名「〔the Olympics〕国際オリンピック競技会」

● from around the world は直前の people を補足説明している。

● Olympics は Olympic Games の略式。

But many visitors cannot understand the local language.
「しかし多くの訪問者はその土地の言語を理解することができません」

visitor [vízətər ヴィズィタ] 名「訪問客、観光客」

local [lóukəl ロウカル] 形「地域の、その地方の」

● cannot (= can't) は動詞の原形と共に用いて「〜することができない」という意味を表す。

● the local language は「その土地の言語」という意味。ここではオリンピック開催国の言語を指している。

For the 1964 Tokyo Olympics, the design team used these simple signs for the first time.
「1964年の東京オリンピックのために、デザインチームがこれらのシンプルな標示を初めて使いました」

1964=nineteen sixty-four (年号の読み方)

design [dizáin ディザイン] 名「デザイン」動「〜をデザインする」

sign [sáin サイン] 名「しるし、記号」

for the first time「初めて」

● these simple signs は、本文1〜2行目の these Olympic pictograms (教科書 p.38の絵文字) を指す。

Everyone understood their meanings.
「みんながそれらの意味を理解しました」

understood [Àndərstúd アンダストゥド] 動「understand の過去・過去分詞形」

meaning [mí:niŋ ミーニング] 名「意味」

● their meanings とはオリンピックのピクトグラムが表す意味のこと。

As a result, we will see pictograms at every Olympics.
「その結果として、私たちはオリンピックごとにピクトグラムを見ることになるのです」

as a result「その結果として」

result [rizʌ́lt リザルト] 名「結果」

at every Olympics「オリンピックごとに」

● As a result「その結果」とは、東京オリンピックで使われたピクトグラムの意味が誰にでも理解できた結果」を意味する。

● will は「～でしょう」と未来や推測を表す助動詞。〈will ＋動詞の原形〉の形で用いる。

これらのオリンピックのピクトグラムがわかりますか？

　世界中からやって来た人々がオリンピックに出席します。しかし多くの訪問者はその土地の言語を理解することができません。

　1964年の東京オリンピックのために、デザインチームがこれらのシンプルな標示を初めて使いました。みんながそれらの意味を理解しました。その結果として、私たちはオリンピックごとにピクトグラムを見ることになるのです。

CHECK!　確認しよう

❶ 「デザインチームはいつ、38ページのオリンピックのピクトグラムを使いましたか」

教科書p.38の6〜7行目参照。For the 1964 Tokyo Olympics, the design team used these simple signs for the first time. とある。

❷ 「人々は東京オリンピックのピクトグラムを理解しましたか」

教科書p.38の8行目参照。Everyone understood their meanings. とある。

TALK!　話してみよう

❶ 「はい、とてもあります／いいえ、それほどでもありません」

ブラウン先生の質問は「あなたはオリンピックに興味がありますか」。Yes または No で答える問題。ほかに Yes, indeed.「ええ、とても」/ Not really.「そうでもありません」など。

❷❸ 「なぜなら私は❸ スポーツ／盛り上がる試合／競争 が❷（好きだからです／好きではないからです）」

ブラウン先生の質問は「なぜですか」。❶の答えに対する理由を簡潔に答える。

STUDY IT!　ことばのしくみを学ぼう

「～できる」「～だろう」を表す言い方 — can, will〈助動詞〉

　be動詞や一般動詞の前について、能力・可能性（～できる）や未来（～だろう）などの意味を付け加える働きをするものを助動詞という。助動詞は疑問文に

答える場合などを除き、必ず動詞とともに用いる。

▶〈can ＋動詞の原形〉「～することができる」
　〈will ＋動詞の原形〉「～するでしょう、～するつもりです」
　　He can play soccer.（彼はサッカーをすることができます）
　　　　　　　　　　　→動詞は原形
　　He will play soccer.（彼はサッカーをするでしょう）
　　　　　　　　　　　→動詞は原形

▶否定文は助動詞のあとに not を置く。
　〈cannot[can't] ＋動詞の原形〉「～することができない」
　〈will not[won't] ＋動詞の原形〉「～しないだろう、～するつもりはない」
　　She can　　　　　　speak English.（彼女は英語を話すことができます）
　　She cannot[can't] speak English.（彼女は英語を話すことができません）
　　He will　　　　　　come here.（彼はここへ来るでしょう）
　　He will not[won't] come here.（彼はここへ来ないでしょう）

▶助動詞 can、will の疑問文「～することができますか」「～するでしょうか、
　～しますか」は、助動詞を主語の前に置く。Yes / No の応答にも助動詞
　を使う。
　　　　He can sing well.

　　Can he sing well? — Yes, he can. / No, he cannot[can't].
　　（彼は上手に歌うことができますか）—（はい、できます／いいえ、できません）

　　　　She will come soon.

　　Will she come soon? — Yes, she will. / No, she will not[won't].
　　（彼女はすぐに来るでしょうか）—（はい、来るでしょう／いいえ、来ないでしょう）

DRILL

❶〈can の文〉「あなたは試験に合格することができます」
　〈will の文〉「あなたは試験に合格するでしょう」
　　● 助動詞は動詞の直前にくる。
❷〈can の文〉「結衣はエマの家を訪問することができます」
　〈will の文〉「結衣はエマの家を訪問するでしょう」
❸〈can の文〉「ケンはブラウン先生と英語で話すことができます」
　〈will の文〉「ケンはブラウン先生と英語で話すでしょう」
　　● 助動詞の直後の動詞は原形。

Pictograms are an excellent means of communication. ↘ // But
　　　　　　　エクセレント　ミーンズ
designing a clear one is difficult.↘//
　　　　　クリア
Designers discuss many things. ↘ // They carefully select the
　　　　　ディスカス　　　　　　　　　　　　ケアフリ　　セレクト
shape and color. ↘ // They want an illustration with an obvious
シェイプ　　　　　　　　　　　　　　　　　　　　　　　　　　　アブヴィアス
meaning.↘//

Good pictograms are universal,↗/ simple↗/ and memorable.↘//
　　　　　　　　　　　ユーニヴァーサル　　　　　　　　　　　　メモラブル
Do you remember seeing any pictograms / around you recently?↗//
　　　　　　　　　　　　　　　　　　　　　　　　　　　　リースントリ

語句・文の研究

Pictograms are an excellent means of communication.
「ピクトグラムはコミュニケーションの非常に優れた手段です」

excellent [éksələnt エクセレント] 形「素晴らしい」

means [míːnz ミーンズ] 名「方法、手段」　単数形・複数形が同じ形。ここ
では単数形。

● a means of ～「～の方法 [手段]」
● communication　日本語では「ふれあい」の意味で使われることがよく
　あるが、本来は「意思・感情・考え・情報などの伝達・交換」を意味する。

But designing a clear one is difficult. 📖
「しかしはっきりわかるピクトグラムをデザインすることは難しいです」

clear [klíər クリア] 形「明らかな、はっきりした」

● designing　動詞design（～をデザインする）の -ing 形。動詞を -ing 形
　にすると名詞のはたらきをする。ここでは主語として使われている。
● clear one　one はpictogramを代名詞に置きかえたもの。clear one は
　「イラストが何を表しているか、はっきりわかるピクトグラム」を意味する。

Designers discuss many things.
「デザイナーは多くのことを話し合います」

discuss [diskʌs ディスカス] 動「～を話し合う」
● discussの直後に話し合う内容を置く。discuss about ～は誤り。

They carefully select the shape and color.
「形と色を注意深く選びます」

carefully [kéərfəli ケアフリ] 副「注意深く」
select [səlékt セレクト] 動「～を選ぶ」
shape [ʃéip シェイプ] 名「形、形状」
● Theyは直前の文のDesignersを指す。
● the shape and colorは、デザインするピクトグラムの形と色。

They want an illustration with an obvious meaning.
「明白な意味を持ったイラストを求めます」

with ～「～を持った」
obvious [ábviəs アブヴィアス] 形「明らかな」
● TheyはDesignersを指す。

Good pictograms are universal, simple and memorable.
「よいピクトグラムは普遍的でシンプルで覚えやすいです」

universal [jù:nəvə́:rsəl ユーニヴァーサル] 形「普遍的な」
memorable [mémərəbl メモラブル] 形「忘れられない、覚えやすい」
● universalには「万人向けの」「誰もが利用することができ、誰にとって
も役に立つ」「あらゆる用途に通用する」というニュアンスが含まれて
いる。ここでは「よいピクトグラムはどの場面で使っても表す内容が
一定で、誰にでもわかる」という意味で使われている。

Do you remember seeing any pictograms around you recently?
「あなたは最近あなたのまわりで何かピクトグラムを見たことを覚えていますか?」

remember seeing ～「～を見たことを覚えている」
recently [ri:səntli リースントリ] 副「近ごろ、最近」
● 〈remember + 動詞の-ing形〉は、過去のことについて「～したことを
覚えている」という意味で使われる。

和訳

　ピクトグラムはコミュニケーションの非常に優れた手段です。しかしはっ
きりわかるピクトグラムをデザインすることは難しいです。

デザイナーは多くのことを話し合います。形と色を注意深く選びます。明白な意味を持ったイラストを求めます。

よいピクトグラムは普遍的でシンプルで覚えやすいです。あなたは最近あなたのまわりで何かピクトグラムを見たことを覚えていますか？

CHECK! 確認しよう

❶「ピクトグラムはコミュニケーションのよい手段ですか」

教 科 書 p.40 の 1 ～ 2 行 目 参 照。Pictograms are an excellent means of communication. とある。

❷「デザイナーはピクトグラムのために何を注意深く選びますか」

教科書p.40の4～5行目参照。They carefully select the shape and color. とある。

TALK! 話してみよう

「私は 形／色／大きさ／想像 (力) が大切だと思います」

ブラウン先生の質問は「あなたがピクトグラムをデザインするとき、何が大切ですか」。自分が大切だと思うものを下から選び、   に当てはめて答える。〈I think (that) ＋主語＋動詞～.〉は「私は～だと思います」を表す文。

Good pictograms are universal,↗ simple↗ and memorable.↘

universal, simple and memorable のようにいくつかの同類の語を列挙するときは、and の前に置かれているものは上げ調子で、and のあとに置かれているもの（＝列挙されているものの最後の1つ）は下げ調子で読む。

STUDY IT! ことばのしくみを学ぼう

「～すること」「～していること」を表す言い方 ― doing 〈動名詞（主語、目的語）〉

動名詞は動詞の -ing 形で、「～すること」という意味を持ち、名詞のはたらきをする。動名詞は文中で主語や目的語になる。

▶主語が動名詞の文

Playing soccer is fun. （サッカーを**すること**は楽しいです）

主語

＊現在［過去］進行形との違い

進行形の文の構造は〈主語＋be動詞＋動詞の-ing形～.〉である。

I **am playing** soccer. (私はサッカーをしているところです)
　　be動詞＋-ing形

進行形の文にも動詞の-ing形が使われるが、この動詞の-ing形は「～している」という意味を持ち、動名詞ではない。「～すること」という意味は持たず、名詞としての働きもない。

▶目的語が動名詞の文

My sister likes **drawing** pictures. (姉[妹]は絵を描くことが好きです)
　　　　　　　like の目的語

＊ enjoy、finish、stopなどは、動名詞のみを目的語にとる。

I enjoy **listening** to the radio. (私はラジオを**聞くこと**を楽しみます)
　　　　enjoy の目的語

She finished **writing** her report. (彼女は報告書を**書き**終えました)
　　　　　　finish の目的語

They stopped **talking**. (彼らは**話すこと**をやめました)
　　　　　stop の目的語

＊ remember、forgetの用法

● remember ＋動名詞「～したことを覚えている」

　　　　　　　→過去のできごとについて述べるときに使う

I remember **meeting** you at the party last year.

　　　　　　　　(私は昨年，パーティーであなたと**会ったこと**を覚えています)

● forget ＋動名詞「～したことを忘れる」

　　　　　　　→過去のできごとについて述べるときに使う

I'll never forget **seeing** you. (私はあなたと**会ったこと**を決して忘れません)

DRILL

❶「テニスをすることは彼女の趣味の1つです」
　● 動詞を-ing形にすると「～すること」という意味を持つ。

❷「私はメッセージを書き終えました」
　● finishのあとの動詞は常に-ing形。

❸「コウジは友だちと泳いで楽しみます」
　● enjoyのあとの動詞は常に-ing形。

The important thing is understanding the meaning of a pictogram.↘// For example, / a traditional Japanese hot spring sign
トラ**ディ**ショナル
looks like soup / to many visitors from abroad.↘// By adding three
スープ   ア**ブロ**ード   **ア**ディング
people, / the meaning suddenly becomes clear.↘// They are taking
サドンリ
a hot spring bath.↘// More people understand the new pictogram.↘//

What do you think about this change?↘//

語句・文の研究

The important thing is understanding the meaning of a pictogram.
「大切なことはピクトグラムの意味を理解することです」

- understandingはunderstandの-ing形で動名詞。「理解すること」を意味し、文中で補語になっている。

For example, a traditional Japanese hot spring sign looks like soup to many visitors from abroad.
「例えば、伝統的な日本の温泉の標示は外国からの多くの訪問者にとってスープのように見えます」

for example「例えば」
traditional [trədíʃənəl トラ**ディ**ショナル] 形 「伝統的な、従来の」
hot spring「温泉」
look like ～「～のように見える」
soup [súːp ス**ー**プ] 名 「スープ」
abroad [əbrɔ́ːd アブ**ロ**ード] 副 「外国へ [に、で]」

- a traditional Japanese hot spring signが主語。signは「記号、しるし」の意味。いわゆる「温泉マーク」を指している。
- 〈look ＋形容詞〉は「～に見える」、〈look like ＋名詞〉は「～のように見える」。
- to many visitors「多くの訪問者にとって」

48

- from abroad「外国からの」 abroadは副詞であるが、「外国」を意味する名詞性があるので、前置詞fromのあとに置かれている。

By adding three people, the meaning suddenly becomes clear.
「3人の人を加えることによって、意味が突然はっきりします」

add [ǽd アド] 動「〜を加える」

suddenly [sʌ́dnli サドンリ] 副「突然、急に」

- By adding 〜「〜を加えることによって」 byは「〜によって」という手段を表す前置詞。動詞addを-ing形(動名詞)にすることにより、前置詞の目的語になる。
- three peopleは温泉マークに表示されている3人の人型デザインを指す。
- the meaning suddenly becomes clear スープのように見えた温泉のピクトグラムが、3人のデザインを追加することにより、一瞬にして明らかに温泉を表していることがわかるようになる。

They are taking a hot spring bath.
「彼らは温泉に入っているところです」

- take a hot spring bath「温泉に入る」
- They are taking 〜.〈be動詞+動詞の-ing形〉の現在進行形の文。「〜しているところです」

More people understand the new pictogram.
「より多くの人々が新しいピクトグラムを理解します」

- the new pictogramは、3人の人が加えられた温泉のピクトグラムを指す。

What do you think about this change?
「あなたはこの変更についてどう思いますか?」

What do you think about 〜?「〜についてどう思いますか?」

- this changeは、スープのように見えるピクトグラムに人を加えることにより、ピクトグラムの意味が明確になったことを指す。

和訳

　大切なことはピクトグラムの意味を理解することです。例えば、伝統的な日本の温泉の標示は外国からの多くの訪問者にとってスープのように見えます。3人の人を加えることによって、意味が突然はっきりします。彼らは温泉に入っているところです。より多くの人々が新しいピクトグラムを理解します。
　あなたはこの変更についてどう思いますか?

❶「すべての外国人訪問者は伝統的な温泉の標示を理解しますか」

教科書p.42の2～4行目、6～7行目参照。a traditional Japanese hot spring sign looks like soup to many visitors from abroad / More people understand the new pictogram. と あ る。visitors from abroad = foreign visitors

❷「伝統的な温泉の標示は多くの外国人訪問者にとって何に見えますか」

教科書p.42の2～4行目参照。

❶「はい、よいと思います／いいえ、よいとは思いません」

ブラウン先生の質問は「あなたは新しい温泉の標示をよいと思いますか」。ここでのDo you like ～?は「あなたは～をよいと思いますか」という意味。YesまたはNoで答える。

❷❸「なぜならそれは❸ 温泉／スープに入っている人／泡風呂に入っている人 に❷（見えるから／見えないから）です」

ブラウン先生の質問は「なぜですか」。❶の答えに対する理由を簡潔に答える。

「～すること」「～していること」を表す言い方 — doing

〈動名詞（補語、前置詞のあと）〉

▶補語になる動名詞

My hobby is **making** cakes. （私の趣味はケーキを**作ること**です）
　　　　　　補語

▶前置詞の目的語になる動名詞

前置詞は名詞の直前に置く品詞である。前置詞の直後に動詞がくる場合は，-ing形の動名詞にする必要がある。

He's good at **singing** songs. （彼は歌を**歌うこと**が得意です）
　　　　　　前置詞(at)の目的語

DRILL

❶「彼の仕事はタクシーを運転することです」
　● 動名詞が補語の文。

❷「私の趣味は写真を撮ることです」
　● 動名詞が補語の文。

❸「私は映画を見ることに興味があります」
　● 動名詞が前置詞のあとにくる［前置詞の目的語になる］文。

- **「ピクトグラムは役に立つ（❶）の手段です」** 教科書p.40の1〜2行目にPictograms are an excellent means of communication. とある。
- **「デザイナーは、形や色のような多くのことを慎重に（❷）」** 教科書p.40の4〜5行目にDesigners discuss many things. They carefully select the shape and color. とある。
- **「彼らは明白な（❸）を持ったイラストをほしいと思います」** 教科書p.40の5〜6行目にThey want an illustration with an obvious meaning. とある。
- **「例えば、（❹）日本の温泉の記号はスープに似ています」** 教科書p.42の2〜4行目にa traditional Japanese hot spring sign looks like soup とある。

語句	意味　　話し合う　　コミュニケーション　　伝統的な

PRACTICE! 練習しよう

1. 助動詞canを使った文を完成させ、対話をする問題 🎧

例　Mike ：What things can you do?
　　　あなた：I can make sushi.
　　　　　　I cannot do judo.

- 「〜することができます」はcanのあと、「〜することができません」はcannotのあとに、動詞の原形で始まる語句を続ける。
- 訳　マイク：あなたはどんなことをすることができますか。
　　　　あなた：私はすしを作ることができます。
　　　　　　　　私は柔道をすることができません。

語句	すき焼きを料理する　　日本の歌を歌う　　自分で着物を着る 書道をする　　アニメキャラクターを描く

2. 与えられた表現を使って、スピーチする問題

例　Hello. I'll talk about my hobbies. I love watching movies. It's a lot of fun. I also like playing soccer. What are your hobbies?

- 「〜することが（大）好きである」はlike[love]のあとに動名詞で始まる語句を続ける。
- 訳　こんにちは。私の趣味についてお話しましょう。私は映画を見るこ

とが大好きです。とても楽しいです。私はまた、<u>サッカーをするこ</u>
<u>とも好きです</u>。あなたの趣味は何ですか。

語句 ピアノを弾くこと　　中華料理を作ること
コンピュータゲームをすること　　植物を育てること
ロボットを作ること　　手品を練習すること　　魚つり

3．スポーツ施設で生徒が次に行う行動を聞き取るリスニング問題

スクリプト

A: Did you enjoy playing tennis?
B: Yes!　Thank you very much.
A: What will you do after this?
B: I'm not sure.　What other things are there?
A: You can ride a bicycle or practice golf ....
B: I played tennis and now I'm a little tired.
A: How about just taking it easy?
B: Sounds good!
Question: What will she do next?

聞き取りのポイント

　生徒がしたことと、インストラクターが提案していることを整理しながら聞く。
インストラクターの How about just taking it easy? と生徒の Sounds good! がポ
イント。How about 〜? は、「〜するのはどうですか」と提案するときに使う表現。
Sounds good. は「いいですね」と同意するときの表現。take it easy は「気楽に
する、くつろぐ」。

スクリプト訳

A：テニスをして楽しみましたか。
B：はい！　ありがとうございました。
A：このあとは何をしますか。
B：そうですね。ほかに何がありますか。
A：自転車に乗ることができますし、ゴルフの練習とか…。
B：私はテニスをして、今少し疲れています。
A：ちょっとくつろぐのはどうでしょう？
B：いいですね！
質問：彼女は次に何をするでしょうか。

語句

☆however [hauévər ハウエヴァ] 副「しかしながら」

☆calligraphy [kəlígrəfi カリグラフィ] 名「書道」

☆character [kǽrəktər キャラクタ] 名「性格、登場人物」

☆hobby [hábi ハビ] 名「趣味」

☆robot [róubɑt ロウバト] 名「ロボット」

☆magic [mǽdʒik マヂク] 名「魔術、手品」

|||||||||||| CHALLENGE YOURSELF! ||||||||||||

1. それぞれのジェスチャーの説明を聞き取ろう。

スクリプト

Number 1: When you think an idea is good, you close your hand and put your thumb up. We call this action "thumbs up."

Number 2: When you "shrug," you raise and lower your shoulders. It shows that you don't know something.

Number 3: This is "fingers crossed." It means "Good luck." You cross your forefinger and middle finger.

- **A** スクリプトの raise and lower your shoulders から判断する。
- **B** スクリプトの close your hand and put your thumb up から判断する。put ～ up「～を上げる、立てる」
- **C** スクリプトの You cross your forefinger and middle finger. から判断する。

スクリプト訳

1：ある案がよいと思うとき、手を握って親指を立てます。この動作を「サムズアップ」と呼びます。

2：「シュラグ」をするときは、肩を上げ下げします。それは何かについて知らないことを示します。

3：これは「フィンガーズクロスト」です。「幸運を（祈ります）」を意味します。人さし指と中指を交差させます。

2．友達にジェスチャーを説明してみよう。

A. When you "shrug," you raise and lower your shoulders.
❶_____

B. When you give a "thumbs up" gesture, you close your hand and put your thumb up. ❷_____

C. When you do "fingers crossed," you cross your forefinger and middle finger. ❸_____

- ❶ 1のスクリプト Number 2から判断する。
- ❷ 1のスクリプト Number 1から判断する。
- ❸ 1のスクリプト Number 3から判断する。

和訳

A.「シュラグ」をするときは、肩を上げ下げします。

B.「サムズアップ」のジェスチャーをするときは、手を握って親指を立てます。

C.「フィンガーズクロスト」をするときは、人さし指と中指を交差させます。

a. そのジェスチャーは「幸運を（祈ります）」を意味します。

b. そのジェスチャーはある案がよいときに使います。

c. それは何かについて知らないことを意味します。

語句

☆ shrug [ʃrʌ́g シュラグ] 動「(肩を) すくめる」

☆ raise [réiz レイズ] 動「〜を上げる」

☆ lower [lóuər ロウア] 動「〜を下げる」

☆ shoulder [ʃóuldər ショウルダ] 名「肩」

☆ thumb [θʌ́m サム] 名「親指」

☆ gesture [dʒéstʃər チェスチャ] 名「身ぶり、手ぶり、ジェスチャー」

☆ forefinger [fɔ́ːrfiŋgər フォーフィンガ] 名「人さし指」

☆ middle [mídl ミドル] 形「真ん中の」

☆ luck [lʌ́k ラク] 名「運、幸運」

We Are Part of Nature

ウィー アー パート アブ ネイチャ　　第5課　私たちは自然の一部

　日本だけでなく世界中のあらゆる地域をフィールドに撮影し続けている、動物写真家の岩合光昭さん。岩合さんの、動物と自然への思いとは？

テキストを読んでみよう①　　　　　　　　　　　教科書 p.48

Emma : You're a popular animal photographer. ↘ // You especially
　　　　　　　　　　　フォ**タ**グラファ　　　　　　　　　　　　イス**ペ**シャリ

　　　　enjoy taking cat photos.↘// I'd like to know your secret / for
　　　　　　　　　　フォ**ウ**トウズ　　　　　　　　　　　　　ス**ィ**ークレト

　　　　taking great photos!↘//

Iwago : Thank you. ↘ // My secret is to love cats. ↘ // To spend a
　　　　　　　　　　　　　　　　　　　　　　　　　　　　　ス**ペ**ンド

　　　　lot of time with them / is the key.↘// When you understand
　　　　　　　　　　　　　　　　　　　キー

　　　　their lifestyles, ↘ // you can find chances for wonderful
　　　　ライフスタイルズ　　　　　　　　　　　　**チャ**ンスィズ

　　　　photos.↘//

語句・文の研究

You're a popular animal photographer.
「あなたは人気のある動物写真家です」

　　You're = You are
　　photographer [fətágrəfər フォ**タ**グラファ] 图「写真家」

- popular は animal photographer にかかり、「人気のある動物写真家」を意味する。「人気のある動物を撮る写真家」ではない。
- 岩合光昭さん (1950年～) は東京都出身の動物写真家。大学在学中に、動物写真家である父親とガラパゴス諸島を訪れる。現地の自然と触れ合い、その美しさに感動し、卒業後に動物写真家としての活動を始める。活動範囲はアフリカ、カナダ、中国など世界各地にわたる。多様に生きる動物の姿を通して、家族、いのち、自然環境、地球とのつながりを訴える作品が多い。

You especially enjoy taking cat photos.
「あなたは特にネコの写真を撮ることを楽しんでいます」

especially [ispéʃəli イスペシャリ] 圖「特に」

photo [fóutou フォウトウ] 图「写真」

- enjoyのあとの動詞は-ing形。「～して楽しむ」と言う意味。
- take a photo「写真を撮る」
- 岩合さんのcat photosに関しては、世界の街角のネコを撮影した写真や、そのときの撮影の様子を特集したテレビ番組が有名である。

I'd like to know your secret for taking great photos!
「私は素晴らしい写真を撮るあなたの秘訣を知りたいです」

I'd = I would

would like to ～「～したいと思う」

secret [si:krət スィークレト] 图「秘密、秘訣」

- secret for ～「～の秘訣」
- I'd like to ～.は「～したいと思います」という意味。「もし可能であれば～をお願いしたいと思います」という、婉曲的なニュアンスを含む。I want to ～.よりも相手にていねいな印象を与える表現。

Thank you. My secret is to love cats.
「ありがとうございます。私の秘訣はネコを愛することです」

- My secretのあとにfor taking great photosを補う。「(素晴らしい写真を撮る)私の秘訣」という意味。
- to loveは「～すること」を表す不定詞。文中で補語になっている。

To spend a lot of time with them is the key.
「彼らと長い時間を過ごすことがコツです」

spend [spénd スペンド] 動「(お金)を使う、(時間)を過ごす」

key [ki: キー] 图「(錠を開ける)鍵、(問題などを解く)鍵、コツ」

- To spendは「(時間)を過ごすこと」の意味。この〈to + 動詞の原形〉は「～すること」を表す不定詞で、主語になっている。
- a lot of ～「たくさんの～」 名詞の前に置いて、数や量が多いことを表す熟語。数えられる名詞・数えられない名詞のどちらも修飾することができる。

   数えられる名詞を修飾　　a lot of cats(たくさんのネコ)

   数えられない名詞を修飾　a lot of water(たくさんの水)
- the key「そのコツ」とは「素晴らしいネコの写真を撮るコツ」を意味する。

When you understand their lifestyles, you can find chances for wonderful photos.
「彼らのライフスタイルを理解すれば、あなたは素晴らしい写真のためのチャンスを見つけることができます」

> lifestyle [láifstàil ライフスタイル] 图「ライフスタイル」
> chance [tʃǽns チャンス] 图「見込み、チャンス」
> ● When you ～ , you .... 「(あなたが)～するとき…する」
> ● their lifestyle　their は cats' を指す。ネコ全般や個々のネコの習慣や行動パターンのこと。
> ● chance は「期待したり望んだりしていることが起こりうる可能性やその機会」を意味する。

> エマ：あなたは人気のある動物写真家です。あなたは特にネコの写真を撮ることを楽しんでいます。私は素晴らしい写真を撮るあなたの秘訣を知りたいです。
> 岩合：ありがとうございます。私の秘訣はネコを愛することです。彼らと長い時間を過ごすことがコツです。彼らのライフスタイルを理解すれば、あなたは素晴らしい写真のためのチャンスを見つけることができます。

CHECK!　確認しよう

❶「岩合さんは動物写真家ですか」
　教科書 p.48 の 1 行目参照。You're a popular animal photographer. とある。

❷「エマは何を知りたがっていましたか」
　教科書 p.48 の 3～4 行目参照。I'd like to know your secret for taking great photos! とある。I'd like to ～ . は「～したいと思います」という意味。

TALK!　話してみよう

❶「はい、好きです／いいえ、それほど好きではありません」
　エマの質問は「あなたはネコが好きですか」。Yes または No で答える問題。
　ほかに Yes, indeed.「ええ、とても」/ Not really.「そうでもありません」など。

❷❸「なぜなら彼らは ❸ かわいい／おとなしい／自立した／親しみのある／謎めいた ❷ (だから／ではないから) です」
　エマの質問は「なぜですか」。ネコが好きな理由、または好きではない理由を簡潔に答える。

58

STUDY IT! ことばのしくみを学ぼう

「～すること」を表す言い方 — to do 〈不定詞（名詞の働き）〉

〈to＋動詞の原形〉の形で名詞・形容詞・副詞などの働きをするものを不定詞という。「～すること」の意味で、名詞の働きをする用法を不定詞の名詞用法という。

▶動詞のあとに置き、目的語になる不定詞

I like **to play** baseball. （私は野球を**すること**が好きです）
動詞 → 動詞の直後にくる〈to＋動詞の原形〉＝目的語になる不定詞

I want **to study** abroad. （私は外国で**勉強したい**です）
動詞 → 目的語になる不定詞

＊〈want to＋動詞の原形〉で「～したい」という意味を表す。

I'd like **to visit** Paris. （私はパリを**訪れたい**です）
動詞 → 目的語になる不定詞

＊would like to ～は「～したいと思う」という意味を表す。

▶補語になる不定詞

My hobby is **to make** cookies. （私の趣味はクッキーを**作ること**です）
主語　be動詞 → 補語になる〈to＋動詞の原形〉

＊補語になる〈to＋動詞の原形〉は、主語と＝（イコール）の関係になる。

My hobby ＝ to make cookies

▶主語になる不定詞

To take wonderful photos will be difficult.
→ 主語になる〈to＋動詞の原形〉 （素晴らしい写真を**撮ること**は、難しいでしょう）

▶動詞と不定詞・動名詞の関係

動詞には不定詞と動名詞の両方を目的語にとるものと、不定詞のみを目的語にとるもの、動名詞のみを目的語にとるものがある。

＊不定詞、動名詞の両方を目的語にとる動詞
like（～が好きである）、start（～を始める）、begin（～を始める）など。
〇It started to rain. （雨が降り始めました）
〇It started raining.

＊不定詞のみを目的語にとる動詞
want、hope（～を望む）、decide（～を決心する）など。
〇Emma wants to learn swimming. （エマは水泳を習いたがっています）
×Emma wants learning swimming.

＊動名詞のみを目的語にとる動詞

enjoy（〜を楽しむ）、finish（〜を終える）、stop（〜を止める）など。

○We enjoyed listening to music. （私たちは音楽を聞いて楽しみました）

×We enjoyed to listen to music.

DRILL

❶「英語を学ぶことは容易ではありませんが、おもしろいです」
  ● 不定詞が主語になる文。

❷「私の計画は世界中を旅することです」
  ● 不定詞が補語になる文。

❸「私は俳優になりたいです」
  ● 不定詞が動詞の目的語になる文。

Emma : When did you decide to become an animal photographer? ↘//

Iwago : When I was 19[nineteen]. ↘ // My father went to the

　　　　Galapagos Islands / to take photos. ↘// I went there / to help
　　　　ガ**ラ**ーパゴス 　　ア**イ**ランズ

　　　　him. ↘// Boobies hatched from eggs / in front of my eyes. ↘//
　　　　　　　　　ブ**ー**ビズ 　　ハ**チ**ト

　　　　A sea lion patted my shoulder. ↘// I was happy to get close
　　　　ス**ィ**ー ライオン パ**ティ**ド 　　　　　　　　　　　　　　　　　　ク**ロ**ウス

　　　　to them. ↘// Those experiences were exciting. ↘//
　　　　　　　　　　　　　　イクス**ピ**アリエンスィズ

語句・文の研究

When did you decide to become an animal photographer?
「あなたはいつ動物写真家になることを決めましたか？」

  ● decide to 〜「〜することを決心［決意］する」 decide のあとに動詞
    を置く場合は、〈to＋動詞の原形〉の形にする。動詞の-ing形を置くこ
    とはできない。

    ○ decide to become an animal photographer

    × decide becoming an animal photographer

When I was 19.
「19歳のときでした」

- 19は年齢を表す。あとにyears old（～歳）が省略されている。
- 直前のエマの質問に対する答えの文なので、When I was 19のあとにI decided to become an animal photographerを補って解釈する。「私は19歳のときに動物写真家になることを決めました」という意味の文。

My father went to the Galapagos Islands to take photos.
「私の父は写真を撮るためにガラパゴス諸島に行きました」

the Galapagos Islands [ザ ガ**ラ**ーパゴス **ア**イランズ] 「ガラパゴス諸島」(太平洋東部の赤道直下にある群島)

南米エクアドルの領土。主要な19の島と多数の岩礁から成る。ガラパゴス諸島には、独自の進化を遂げ、今でも生き残っている動物が多数生息している。1978年にユネスコ世界遺産に登録された。

Galapagos [gəlá:pəgəs ガ**ラ**ーパゴス] 图 「〔the Galapagos Islands〕ガラパゴス諸島」

island [áilənd **ア**イランド] 图 「島」

- to take photos「写真を撮るために」 動作の目的を表す不定詞。

I went there to help him.
「私は彼を手伝うためにそこに行きました」

- wentはgoの過去形。
- thereは直前の文のthe Galapagos Islandsを指す。
- to help him「彼を手伝うために」 to helpは目的を表す不定詞。何をするためにガラパゴス諸島に行ったかを説明している。

Boobies hatched from eggs in front of my eyes.
「私の目の前でカツオドリが卵からかえりました」

booby [bú:bi **ブ**ービ] 图 「カツオドリ」 (熱帯の海鳥)
hatch [hétʃ **ハ**チ] 動 「(卵からひなが) かえる」
in front of my eyes 「私の目の前で」

- カツオドリは熱帯・亜熱帯に生息する海鳥。いくつかある種のうち、アオアシカツオドリはガラパゴス諸島固有の亜種である。
- hatch from eggs 「(主語の動物が) 卵からかえる」と言うときはegg(s) の前にfromを置く。× hatch eggs
- in front of ～は「～の前で」という意味で位置を表す熟語。

A sea lion patted my shoulder.
「アシカが私の肩を軽くたたきました」

sea lion [síː làiən スィー ライオン] 图 「アシカ、トド」

pat [pǽt パト] 動 「～を軽くたたく」

- 「アシカ」や「トド」はsea lionという。sealは「アザラシ」を意味する。

I was happy to get close to them. 📱
「私は彼らに近づけてうれしかったです」

get close to ～ 「～に近づく」

close [klóus クロウス] 形 「近い」

- was happy to ～〈be happy to + 動詞の原形〉は「～してうれしい」という意味。〈to + 動詞の原形〉は感情を表す形容詞のあとに置かれる。
- 形容詞のcloseは[クロウス]と発音する。「～を閉める、閉まる」という意味の動詞close [クロウズ]とは発音が異なる。
- themは前出のboobiesやa sea lionなど、ガラパゴス諸島で出会った動物たちを指す。

Those experiences were exciting.
「それらの経験は刺激的でした」

experience [ikspíəriəns イクスピアリエンス] 图 「経験」

- Those experiencesは、前出のBoobies hatched from eggs in front of my eyes. と A sea lion patted my shoulder. を指す。

和訳

エマ：あなたはいつ動物写真家になることを決めましたか？
岩合：19歳のときでした。私の父は写真を撮るためにガラパゴス諸島に行きました。私は彼を手伝うためにそこへ行きました。私の目の前でカツオドリが卵からかえりました。アシカが私の肩を軽くたたきました。私は彼らに近づけてうれしかったです。それらの経験は刺激的でした。

CHECK! 確認しよう

❶ 「岩合さんは、いつガラパゴス諸島に行きましたか」
教科書p.50の3行目参照。When I was 19. とある。

❷ 「岩合さんはガラパゴス諸島で刺激的な経験をしましたか」
教科書p.50の最後の2行参照。Those experiences were exciting. とある。

TALK! 話してみよう

❶「**はい。それは楽しいです／いいえ。それは難しすぎます**」

エマの質問は「あなたは写真を撮ることが好きですか」。YesまたはNoで答える問題。それぞれの答えのItはtaking picturesを指す。

❷「**私は 写真家／ゲーム制作者／看護師／教師／農業従事者 になりたいです**」

エマの質問は「あなたは将来、何になりたいですか」。 ☐ に職業を当てはめて答える。

SAY IT!

My father went to the Galápagos Ìslands / to take photos.

wentのtとtoのtはまとめて1つのように読む。to take photosはwentを修飾する語句なので、区切って読む。

STUDY IT! ことばのしくみを学ぼう

「～するために」「～して」 などを表す言い方 ― to do〈不定詞（副詞の働き）〉

不定詞〈to＋動詞の原形〉が動詞や形容詞を修飾して、副詞の働きをする用法を副詞用法という。

▶動詞を修飾し、目的を表す不定詞「～するために」

Ken went to the library **to read** a science book.

　動詞└――――――――┘wentの目的を表す

(ケンは科学書を**読むために**図書館へ行きました)

＊to read（読むために）が動詞went（行った）を修飾し、図書館へ行った目的を表している。動詞を修飾するのは副詞。

＊この用法の不定詞は、〈主語＋動詞～〉のあとに〈to＋動詞の原形〉がくる形で用いられる。

▶感情を表す形容詞を修飾し、感情の原因や理由を表す不定詞「～して」

Emma was happy **to get** a present.

感情を表す形容詞└――――┘happyの理由を表す

(エマはプレゼントを**もらって**うれしかったです)

＊to get（手に入れて）が形容詞happy（うれしい）を修飾し、うれしい理由を表している。形容詞を修飾するのは副詞。

＊この用法の不定詞は〈be動詞＋感情を表す形容詞＋to＋動詞の原形〉の語順で用いられる。

❶ 「彼らは試合に勝つために一生懸命に練習します」
  ● 目的を表す不定詞。
❷ 「私は始発列車に乗るために早起きするつもりです」
  ● 目的を表す不定詞。
❸ 「私はその事故のことを聞いて気の毒に思います」
  ● sorry という感情の理由を表す不定詞。

テキストを読んでみよう③　　　　　　　　教科書p.52

Emma : Why do you take photographs of nature?↘//
　　　　　　　　　　　　　　　　　　フォウトグラフス　　ネイチャ

Iwago : Today, / many children don't have a chance to see nature / in

　　　　the wild.↘// I want to take pictures / in order to develop their
　　　　ワイルド　　　　　　　　　　　　　　　　　　オーダ　　　ディヴェロプ

　　　　interest. ↘ // We have lessons to learn from nature. ↘ // We
　　　　インタレスト

　　　　are part of it.↘// We are in nature's circle of life.↘// We must
　　　　　　　　　　　　　　　　　　　　　　　　サークル

　　　　remember that.↘//

Emma : I agree.↘// Thank you very much.↘//

語句・文の研究

Why do you take photographs of nature?
「あなたはなぜ自然の写真を撮るのですか？」

　　　photograph [fóutəɡlæf フォウトグラフ] 名 「写真」
　　　nature [néitʃər ネイチャ] 名 「自然」
　　　● nature は、人間の手が加わっていない環境やその環境に生きる動植物、
　　　　人間の力が及ばない自然の力や自然現象など全般を指す。

Today, many children don't have a chance to see nature 📖 in the wild.
「今日、多くの子どもたちには野生の自然を目にする機会がありません」

in the wild「野生 (の状態) の」

wild [wáild **ワイルド**] 名「(the wild) 野生」

- todayは「きょうは」ではなく「こんにちでは、この頃は」という意味。
- have a chance to ~「~する機会がある [機会を持つ]」という意味の熟語。to以下はa chanceに説明を加える形容詞の働きをする不定詞。
- nature in the wildは「手つかずの自然、文明の影響を受けていない環境」を意味する。

I want to take pictures in order to develop their interest.
「私は彼らの興味を伸ばすために写真を撮りたいです」

in order to ~「~するために」

order [ɔ́:rdər **オーダ**] 名「順序、注文、命令」

develop their interest「彼らの興味を伸ばす」

develop [divéləp **ディヴェロプ**] 動「~を発達 [発展] させる、発達 [発展] する、(感情・性質など) を持つようになる」

interest [íntərəst **インタレスト**] 名「興味、関心」

- want to ~「~したい」
- in order toのあとには動詞の原形がくる。主に書きことばとして使われる。
- their interest はchildren's interestを指す。「(自然に対する) 子どもたちの興味」

We have lessons to learn from nature. 📖
「私たちには自然から学ぶ教訓があります」

lesson「教訓、教え」

- Weは自分を含め一般の人々を指して「人は、人々は」という意味を表す。

We are part of it.
「私たちは自然の一部です」

- a part of ~「~の一部」
- it はnatureを指す。

We are in nature's circle of life.
「私たちは自然の生命の循環の中にいます」

circle of life「生命の循環」

circle [sə́:rkl **サークル**] 名「円、循環」

- nature's circle of life は、自然界のバランスのこと。ある生き物が極端に増えたり絶滅したり、また環境が極端に変化したりすると生命の関わり合いのバランスが崩れ、多くの命が消滅していく。岩合さんは多様な環境で生きる多様な動物の写真を通して、子どもたちにすべてのいのちのつながりの大切さを伝えたいとしている。

We must remember that.
「私たちはそれを覚えておかなくてはなりません」

- that は直前の We are in nature's circle of life. を指す。岩合さんは「人間が自然界の生命の循環に組み込まれていることを覚えていなければならない」と言っている。

I agree. Thank you very much.
「そうですね。どうもありがとうございました」

- agree は「賛成する」という意味の動詞。相手の意見に同意するときに用いる。

和訳

エマ：あなたはなぜ自然の写真を撮るのですか？
岩合：今日、多くの子どもたちには野生の自然を目にする機会がありません。私は彼らの興味を伸ばすために写真を撮りたいです。私たちには自然から学ぶ教訓があります。私たちは自然の一部です。私たちは自然の生命の循環の中にいます。私たちはそれを覚えておかなくてはなりません。
エマ：そうですね。どうもありがとうございました。

CHECK! 確認しよう

❶ 「岩合さんは、子どもたちが自然への興味を伸ばすことを望んでいますか」
教科書 p.52の3〜5行目参照。I want to take pictures in order to develop their interest. とある。岩合さんが自然界の写真を撮る目的と願いが込められた一文。

❷ 「自然 (界) は私たちに何を教えてくれますか」
教科書 p.52の6〜7行目参照。We are part of it. We are in nature's circle of life. とある。

TALK! 話してみよう

❶「**はい、私は自然が大好きです／いいえ、それほどでもありません**」

　エマの質問は「あなたは自然に興味がありますか」。Yes または No で答える。

❷「**たくさんの 美しい国立公園／写真を撮る名所／自然災害／危険な動物 があ**
ります [います]」

　エマの質問は「なぜですか」。❶の答えに対する理由を簡潔に答える。

STUDY IT! ことばのしくみを学ぼう

「〜する（ための）」などを表す言い方 ─ to do 〈不定詞（形容詞の働き）〉

〈名詞 ＋ to ＋ 動詞の原形〉の形で、「〜するための（名詞）」「〜するべき（名詞）」のように不定詞が直前の名詞を説明する。この不定詞の用法を形容詞用法という。

▶「〜するための（名詞）」

Emma wants time **to watch** TV.　　（エマはテレビを**見るための**時間を
　　　　名詞 ┗━━━━┛ 名詞を修飾　　　　　ほしがっています）

＊ to watch（見るための）が、名詞 time（時間）がどのようなものであるかを説明している。

Give me something **to drink**, please.　（私に何か**飲むもの**をください）
　　　　　　　　　┗━━┛

＊「何か〜するもの」は〈something ＋ to ＋ 動詞の原形〉で表す。

▶「〜するべき（名詞）」

I had a lot of homework **to do**.　（私は**するべき**宿題がたくさんありました）
　　　　　名詞 ┗━━━━┛ 名詞を修飾

＊ to do（するべき）が、名詞 homework（宿題）を説明している。

▶まぎらわしい不定詞

副詞用法の不定詞と形容詞用法の不定詞は、区別がつかない場合がある。

（副詞用法）I bought a book **to know** about sea lions.
　　　　動詞 ┗━━━━┛ 動詞を修飾する

　　　　　　　（私はアシカについて**知るために**本を買いました）

（形容詞用法）I bought a book **to know** about sea lions.
　　　　　　名詞 ┗━━━━┛ 名詞を修飾する

　　　　　　　（私はアシカについて**知るための**本を買いました）

＊〈in order to ＋ 動詞の原形〉の形をとると、目的を表すことが明確になる。

❶「私たちには練習するための時間がたくさん必要です」
- 名詞 time を修飾する不定詞。

❷「私は何か飲むものがほしいです」
- 代名詞 something を修飾する不定詞。

❸「私は今日、するべき仕事がたくさんあります」
- 名詞 work を修飾する不定詞。

SUM UP! 要約しよう

- 「**彼らと共に時間を (❶)、また彼らの (❷) を理解することにより、彼は素晴らしい写真を撮ることができます**」（❶）教科書 p.48 の6行目に To spend a lot of time with them とある。（❷）教科書 p.48 の7行目に When you understand their lifestyles とある。

- 「**彼は19歳のときに父親とガラパゴス諸島を訪れ、動物写真家になることを (❸)**」 教科書 p.50 の1〜3行目に When did you decide to become an animal photographer? When I was 19. とある。

- 「**岩合さんは、私たちは (❹) の一部であることを信じています**」 教科書 p.52 の6行目に We are part of it. とある。it は前文の nature を指す。

語句 | 自然　　過ごすこと　　ライフスタイル　　〜を決心[決意]した

PRACTICE! 練習しよう

1．不定詞を使った文を完成させ、英語を勉強する目的を述べる問題

例　I study English to make a lot of foreign friends.
- to 以下は動詞の原形で始まる語句で、目的を表す〈to ＋動詞の原形〉の形を作る。
- 訳　私はたくさんの外国人の友だちを作るために英語を勉強します。

語句 | 世界中を旅行する　　自分の将来に向けて準備をする
英語の歌を歌う　　コンピュータゲームをする

2．適切な語句を選んで文を完成させ、対話をする問題

例　A：Do you have something to measure with?
　　B：Yes. I have a ruler.

● Aが借りたいと思っている文房具と、Bが貸そうとしているものを適切に組み合わせる。

measure 〜 with a ruler （ものさしで〜を測る）

something to measure 〜 with ⬚ （測るための何か）

代名詞を後ろから修飾する、不定詞の形容詞用法。「〜を…で測る」は〈measure 〜 with ＋道具〉で表す。「道具」がsomethingの形で不定詞の前に出ているが、withを残す必要がある。

訳 A：あなたは何か測るものを持っていますか。
　 B：はい。私はものさしを持っています。

語句			
A	メモをとる	間違いを消す	紙をとじる
B	ホッチキス	ペンと紙	消しゴム

3．夕食に食べるものを聞き取るリスニング問題

スクリプト

A: What do you want to have for dinner?
B: I want to eat Japanese food. Sushi, tempura ....
A: How about eel?
B: Eel? What's that?
A: It's a kind of fish. We usually steam and grill it with traditional sauce. It's really delicious!
B: OK. I'll try it.
Question: What are they going to have for dinner?

聞き取りのポイント

　2人が夕食に食べるものを相談していることは、あらかじめわかっている。What do you want to have for dinner?は「あなたは夕食に何を食べたいですか」とたずねる文なので、Bが何を食べたいと答えるかを聞き取ることが最初のポイントである。BはJapanese food「和食」と答えるが、料理名を特定していない。そこでAがHow about eel?「うなぎ（料理）はどうですか」と提案している。これが第2のポイントである。Bはうなぎ（料理）を知らないので、Aが説明している。a kind of 〜は「〜の一種」という意味。説明を聞いたBはI'll try it.「食べてみます」と答えている。itがeelを指すことが最後のポイント。

A：あなたは夕食に何を食べたいですか？

B：和食を食べたいですね。すしとか、てんぷらとか…。

A：うなぎはどうですか？

B：うなぎ？ それは何ですか？

A：魚の一種ですよ。たいてい、蒸してから代々伝わるタレをつけて焼くのです。とてもおいしいですよ！

B：わかりました。食べてみましょう。

質問：彼らは夕食に何を食べますか？

語句

☆ prepare [pripéər プリペア] 動「準備をする」

☆ measure [méʒər メジャ] 動「(長さや量など) を測る」

☆ ruler [rúːlər ルーラ] 名「支配者、ものさし」

☆ erase [iréis イレイス] 動「〜を消す」

☆ stapler [stéiplər ステイプラ] 名「ホッチキス、ステープラー」

☆ eraser [iréisər イレイサ] 名「消しゴム」

|||||||||||| CHALLENGE YOURSELF! ||||||||||||

1. 英文の内容を確認しよう。

❶ Poster (　) has nice colors.

❷ Poster (　) looks cool.

❸ I like Poster (　) because the design is interesting.

❹ I like Poster (　) best. It clearly shows people are destroying nature.

❺ I don't like Poster (　) very much. I can't understand its message.

● ❶ ポスターの色をほめている。

● ❷ ポスターの見た目がかっこいいと言っている。

● ❸ ポスターのデザインが興味深いと言っている。

● ❹ ポスターのメッセージが明確でよいと言っている。

● ❺ ポスターのメッセージが理解できないと言っている。

　　 not 〜 very much「あまり〜でない」

● A〜Cのどれを入れても間違いではないので、自由に入れて言ってみよう。

訳

❶ ポスター（　）は色彩がすてきです。

❷ ポスター（　）はかっこいいです。

❸ 私はポスター（　）が好きです、なぜならデザインがおもしろいからです。

❹ 私はポスター（　）がいちばん好きです。人が自然を破壊していることを明確に示しています。

❺ 私はポスター（　）があまり好きではありません。メッセージを理解することができません。

2. 選んだポスターについて、自分がよいと思う理由を説明しよう。

　　　　 My choice is Poster (　　). （理由1）＿＿＿＿＿＿＿＿＿＿＿＿＿＿
　　　＿＿＿＿. In addition, （理由2）＿＿＿＿＿＿＿＿＿＿＿＿＿＿＿＿.
　　　 For these reasons, I recommend Poster (　　).

● 理由1の書き方は、次のような方法がある。

　・It has nice colors. のように、理由になる文をそのまま書く。

　・because を使う場合は、I like it because ～. （私はそれが好きです、なぜなら～）のように、because の前に〈主語＋動詞～〉を置くとよい。

　・「第1に、～」と列挙するときは、First, ～. の形をとる。

● in addition は「それに加えて」と次の理由を述べるときに用いるつなぎ言葉。

● 2つの理由が in addition で結び付けられている場合は、（理由2）は because を使う必要はない。また、Second, ～. 「第2に、～」のように列挙型にする必要もない。理由になる文をそのまま入れる。

● for these reasons「これらの理由から」 結論を言うときに使う表現。

和訳

私が選んだのはポスター（　　）です。（理由1）＿＿＿＿＿＿＿＿＿＿
＿＿＿＿＿＿。　加えて、（理由2）＿＿＿＿＿＿＿＿＿＿＿＿＿＿＿。
これらの理由から、私はポスター（　　）を推薦します。

語句

☆poster [póustər ポウスタ] 图「ポスター」

☆environment [inváiərənmənt インヴァイアロンメント] 图「環境」

☆destroy [distrói ディストロイ] 動「～を破壊する」

☆choice [tʃóis チョイス] 图「選択」

☆addition [ədíʃən アディション] 图「追加」

☆reason [ríːzən リーズン] 图「理由」

☆recommend [rèkəménd レコメンド] 動「～を勧める、推薦する」

Take a Break! 2
歌ってみよう

The Rose
バラ

Some say love, it is a river
誰かが言う、愛　それは川

That drowns the tender reed.
やわらかいアシをおぼれさせる川

Some say love, it is a razor
誰かが言う、愛　それは鋭い刃

That leaves your soul to bleed.
あなたの魂が血を流すままにする刃

Some say love, it is a hunger
誰かが言う、愛　それは飢え

An endless aching need.
際限のない要求の痛み

I say love, it is a flower
私は言う、愛　それは花

And you, its only seed.
そしてあなた、その唯一の種

It's the heart afraid of breaking
傷つくことを恐れる心

That never learns to dance.
決して踊れるようにはならない

It's the dream afraid of waking
覚めることを恐れる夢

That never takes the chance.
決して賭けに出ることはできない

語句

☆ drown「〜をおぼれさせる」
☆ reed「アシ（植物）」
☆ soul「魂」
☆ hunger「飢え」
☆ aching「痛む、うずく」
☆ seed「種」

☆ tender「やわらかい、か弱い」
☆ razor「カミソリ」
☆ bleed「出血する」
☆ endless「終わりのない」
☆ need「必要、要求」
☆ afraid of 〜「〜を恐れて」

It's the one who won't be taken
奪われまいとする人
Who cannot seem to give,
与えることはできない
And the soul, afraid of dying
そして心　死ぬことを恐れ
That never learns to live.
決して生きられるようにはならない

When the night has been too lonely
夜があまりに孤独で
And the road has been too long,
道があまりに長く
And you think that love is only
あなたが　愛は
For the lucky and the strong,
運に恵まれ力のあるものだけが手にするものだと思うとき
Just remember in the winter
思い出して　冬には
Far beneath the bitter snows
凍える雪のはるか下に
Lies the seed that with the sun's love
太陽の愛と共にある種が
In the spring becomes the rose.
春にはバラの花を咲かせるということを

☆break「壊れる、砕ける」

☆learn to ～「～する［できる］ようになる」　☆wake「目をさます」

☆take the chance「(リスクを承知で) 何かをする、いちかばちかやってみる」

☆seem to ～「～するようだ」　　　　☆lonely「孤独な」

☆far「遠くに、はるかに」　　　　　　☆beneath「下に」

☆bitter「つらい、厳しい」　　　　　　☆lie「位置する」

Machu Picchu

第6課　マチュ・ピチュ

　1983年に世界遺産に登録されたマチュ・ピチュ。世界中から人気を集める観光地として知られています。この古い遺跡に隠された謎と魅力とは？

テキストを読んでみよう①　　　　　　　　　　　　　　　教科書p.60

Mike：This is Machu Picchu. ↘ // The place has been a World
　　　　　　　　　マーチューピーチュー
　　　　Heritage site / since 1983. ↘//
　　　　ヘリティヂ　サイト

Yui　：What are these buildings? ↘//

Mike：They are palaces, ↗/ temples ↗/ and houses. ↘//
　　　　　　　　　パレスィズ　　　テンプルズ

Yui　：What did the Incas use to build them? ↘//
　　　　　　　　　インカズ

Mike：They used big stones. ↘// The stones fit together so well. ↘//
　　　　　　　　　ストウンズ　　　　　　　　　　フィト

Yui　：They had such amazing skills! ↘//
　　　　　　　　　アメイズィング

語句・文の研究

This is Machu Picchu.
「これはマチュ・ピチュだよ」
　　　Machu Picchu「マチュ・ピチュ」（ペルー中南部にあるインカ帝国の都市遺跡）
　　　Machu Picchu [máːtʃu piːtʃu マーチュー ピーチュー] 图「マチュ・ピチュ」
　　　マチュ・ピチュは標高2,430mに位置し、ふもとからは目視できないため、「空中都市」などと呼ばれる。200戸ほどの石の建造物がある。

The place has been a World Heritage site since 1983. 📖
「この場所は1983年以来ずっと世界遺産登録地なんだ」
　　　World Heritage site「世界遺産登録地」
　　　heritage [hérətidʒ ヘリティヂ] 图「遺産」
　　　site [sáit サイト] 图「敷地、場所、登録地」

1983＝nineteen eighty-three
- The placeは直前のMachu Picchuを指す。
- have been ～「ずっと～（の状態）である」「継続」を表す現在完了形の文。
- since ～「～以来」は過去のある時点から現在までの動作や状態の継続を表す。

What are these buildings?
「これらの建物は何？」
- these buildingsは、マチュ・ピチュの石の建造物を指す。

They are palaces, temples and houses.
「それらは宮殿や神殿や家だよ」
palace [pǽləs パレス] 图 「宮殿」
temple [témpl テンプル] 图 「神殿、寺院」
- castle「城」が敵の侵入を防ぐ「要塞」であるのに対し、palaceは「公邸」を意味する。
- house [ハウス]の複数形の発音はhouses [ハウズィズ]。

What did the Incas use to build them?
「それらを建てるためにインカの人々は何を使ったの？」
the Incas 「インカの人々」
Inca [íŋkə インカ] 图 「〔the Incas〕インカ人」
- 「インカ」は、南米ペルーのアンデス山脈付近に分布した古代民族。the Incasの形で表す。
- to buildは目的を表す不定詞。「それらを建築するために」
- themは前出のbuildings（＝palaces, temples and houses）を指す。

They used big stones.
「彼らは大きな石を使ったよ」
stone [stóun ストウン] 图 「石」
- Theyはthe Incasを指す。
- 直前の1文に答える文。文末にto build themを補って考える。

The stones fit together so well.
「石はぴったりと合わさっているよ」
fit together so well 「ぴったりと合わさる」

fit [fit フィト] 動 「(大きさや型が) 合う」

● マチュ・ピチュの建造物は、切り出された石が隙間なく積み上げられ
ているため、自然災害に強いと言われる。

They had such amazing skills!
「そんな驚くべき技術を持っていたんだね！」

amazing [əméiziŋ アメイズィング] 形 「驚くべき、みごとな」

● They は the Incas を指す。

● such amazing skills は直前の1文を受けて「石をぴったり合わせて建
物を造る技術」という意味。

和訳

マイク：これはマチュ・ピチュだよ。この場所は1983年以来ずっと世界遺産
　　　　登録地なんだ。

　結衣：これらの建物は何？

マイク：それらは宮殿や神殿や家だよ。

　結衣：それらを建てるためにインカの人々は何を使ったの？

マイク：彼らは大きな石を使ったよ。石はぴったりと合わさっているよ。

　結衣：そんな驚くべき技術を持っていたんだね！

CHECK! 確認しよう

❶ 「マチュ・ピチュはいつ世界遺産登録地になりましたか」

教科書p.60の1～2行目参照。The place has been a World Heritage site
since 1983. とある。

❷ 「インカの人々は石で建物を造ることが得意でしたか」

教科書p.60の6～8行目参照。The stones fit together so well. They had such
amazing skills! とある。

TALK! 話してみよう

❶ 「ええ、ぜひとも／いいえ、そうは思いません」

マイクの質問は「あなたはマチュ・ピチュを訪れてみたいと思いますか」。
Yes または No で答える問題。

❷❸ 「私は❸ 世界遺産登録地／古い建物／高山 に❷ (興味があります／ありま
せん)」

マイクの質問は「本当ですか」。マチュ・ピチュへ行ってみたい理由、または
行こうとは思わない理由を簡潔に答える。

STUDY IT! ことばのしくみを学ぼう

「(今まで)ずっと〜だ」を表す言い方 — have[has]＋過去分詞〈現在完了形(継続)〉

　過去のある時点で始まった動作や状態が現在まで続いていることを表すときは、現在完了形を用いる。現在完了形にはいろいろな用法があり、動作や状態の継続を表すものを継続用法という。

　現在完了形の基本形は〈have[has] ＋過去分詞〉。主語が3人称単数のときは、have ではなく has を用いる。

▶過去のできごとを表す文と現在完了形の文の違い

＊過去を表す文は、過去に起こった事実を表す。現在もその動作や状態が続いているかどうかは不明。

Ken lived in Osaka. (ケンは大阪に**住んでいました**)

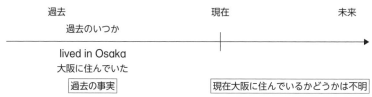

＊現在完了形の文は、過去から現在までの動作や状態の継続を表す。

Ken has lived in Osaka. (ケンはずっと大阪に**住んでいます**)

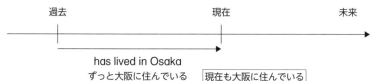

▶いつから、どれくらい継続しているかを表す現在完了形

＊いつから継続しているかをはっきりと表すときは、since 〜 (〜から、〜以来)を用いる。

I have been sick since last Monday.

(私はこの前の月曜日からずっと**体調が悪いです**)

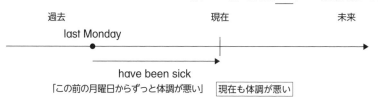

＊継続している期間をはっきりと表すときは、for ～（～の間）を用いる。

I **have played** the piano <u>for ten years</u>.

（私は<u>10年の間</u>ピアノを**弾いています**）

「10年間ずっと弾き続けている」という、現時点まで続く動作の進行を表すのではなく、「ピアノを弾くという取り組みが10年間続いている」という意味を表す。

◎ since のあとには last summer（この前の夏）、2015（2015年）など、過去のある時点を表す語（句）がくる。

◎ for のあとには ten years（10年間）、a long time（長い間）など、期間を表す語（句）がくる。

▶継続期間をたずねる文

「どのくらい長く～していますか」と、動作や状態の継続期間をたずねるときは、How long ～？で表す。

---

❶「私たちは10年間ずっと彼女を知っています」
  ● 継続を表す現在完了形。

❷「彼は3年間ずっと英語を勉強しています」
  ● 主語が3人称単数の現在完了形。

❸「彼女は今朝からずっと図書館にいます」
  ● 主語が3人称単数の現在完了形。

Yui　：What's this big stone?↘// I've never seen a shape like this.↘//

Mike：Probably / it was a kind of clock.↘// It had something to do
　　　　　　プラバブリ　　　　　　　　　　クラク
　　　with the sun.↘//

Yui　：Is it one stone?↗// How did the Incas cut and move it?↘//

Mike：I have no idea.↘// They didn't use iron tools or wheels.↘//
　　　　　　　　　　　　　　　　　　　　　アイアン　トゥールズ　（ホ）ウィールズ

Yui　：What a mystery!↘//
　　　　　　ミスタリ

語句・文の研究

▌ What's this big stone? 「この大きな石は何？」
- this big stone は、教科書p.62の写真に写っている石を指す。

▌ I've never seen a shape like this. 🗐
「私はこのような形を一度も見たことがないよ」
　　I've ＝ I have
- have never seen ～で「～を一度も見たことがない」という意味を表す。現在完了形の経験用法の否定文で、過去に経験のないことを表す。not の代わりに never「決して～ない」を用いることが多い。
- seen は see の過去分詞形。
- like this は「このような」という意味。like は「～のように［な］」という意味の前置詞で、動詞ではない。this は前出の big stone を指す。

▌ Probably it was a kind of clock.
「おそらくそれは一種の時計だったんだ」
　　a kind of ～「一種の～」
　　probably [prάbəbli プラバブリ] 副「おそらく」
　　clock [klάk クラク] 名「時計」
- probably は文章全体にかかり、「おそらく～だろう」という意味を表す。確信の度合いが高い場合に用いられる。

- it は前出の big stone を指す。

It had something to do with the sun.
「太陽となんらかの関係があったんだ」

have something to do with ～ 「～となんらかの関係がある」

- It は前出の big stone を指す。インティワタナ（ストーン）と呼ばれ、日時計であると考えられている。

Is it one stone? How did the Incas cut and move it?
「それはひとつの石なの？インカの人々はどのようにしてそれを切って動かしたの？」

- it はここで話題になっている big stone を指す。
- How ～?は「どのように～」と方法や手段をたずねるときの表現。

I have no idea. 「わからない」

have no idea 「わからない」

- have no idea は「さっぱりわからない」「見当もつかない」と言うときに用いる表現。

They didn't use iron tools or wheels.
「彼らは鉄製の道具も車輪も使わなかったんだ」

iron [áiərn アイアン] 名 「鉄」
tool [túːl トゥール] 名 「道具、工具」
wheel [hwiːl (ホ) ウィール] 名 「車輪」

- They は the Incas を指す。
- 否定文で「AもBも～ない」と言うときは、and ではなく or を使って〈not[no] + A or B〉の形で表す。

What a mystery! 「なんと不思議なことでしょう！」

What a mystery! 「なんと不思議なことでしょう！」
mystery [místəri ミスタリ] 名 「神秘、不思議」

- What a ～!は「なんと～なのでしょう！」と、驚きや喜びなどの感情を強調して表す文。感嘆文という。〈What (a[an]) + 名詞 (+主語 +動詞)!〉で表す。ここでは、インカの人々が道具を使わずに、日時計と思われる石を切り出して運んだことについて、「なんと不思議なことでしょう！」と言っている。a mystery のあとに it is が省略されている。

結衣：この大きな石は何？ 私はこのような形を一度も見たことがないよ。

マイク：おそらくそれは一種の時計だったんだ。太陽となんらかの関係があったんだ。

結衣：それはひとつの石なの？ インカの人々はどのようにしてそれを切って動かしたの？

マイク：わからない。彼らは鉄製の道具も車輪も使わなかったんだ。

結衣：なんと不思議なことでしょう！

CHECK! 確認しよう

❶「その大きな石は何でしたか」

教科書p.62の3行目参照。it was a kind of clock とある。

❷「インカの人々は鉄製の道具を使いましたか」

教科書p.62の7行目参照。They didn't use iron tools とある。

TALK! 話してみよう

❶「はい。公園で／いいえ、私はそれを一度も見たことがありません」

マイクの質問は「あなたは今までに日時計を見たことがありますか」。Yes または No で答える問題。Yes の場合は見た場所や時を答えてもよい。現在完了形の疑問文なので、Yes, I did[was]. や No, I did[was] not. は誤り。

❷「 信じられません／冗談でしょう／まさか ！」

マイクの発言は「インカの人々は、マチュ・ピチュで、ひとつの大きな石で日時計を作りました」。自分の感想を答える。You're kidding. は直訳すると「あなたは冗談を言っています」。ほかに Really?「本当に？」、Did they?「そうなの？」、Are you sure?「それは確かなの？」などの表現がある。

SAY IT!

[ou]と[ɔː]の発音の違いに注意しよう。

[ou] 日本語の「オ」を強めに言い、すぐに唇をすぼめて弱く「ウ」と言う。

only「ただ1つ[1人]の」　stone「石」　grow「成長する」
オウンリ　　　　　　　スト**ウ**ン　　グ**ロ**ウ

no「いいえ」　so「非常に」
ノウ　　　**ソ**ウ

[ɔː] 唇を丸くして前に突き出すようにして「オー」という。最後に「ウ」の音を入れないようにする。

all「すべての」　　abroad「外国へ」　　saw「(seeの過去形)」
オール　　　　　　　アブロード　　　　　　ソー

tall「(背が) 高い」　　bought「(buyの過去形)」
トール　　　　　　　　　ボート

STUDY IT!　ことばのしくみを学ぼう

「〜したことがある」を表す言い方 ― have[has]＋過去分詞 〈現在完了形 (経験)〉

現在完了形には、「〜したことがある」という現在までの経験を表す用法がある。これを経験用法という。

▶肯定文「〜したことがある」

We have visited Kyoto twice. (私たちは京都を2度**訪れたことがあります**)

*過去の文との違い

過去の文は「〜しました」という過去の事実を述べているのに対し、現在完了形の文は「〜したことがあります」という現在までの経験を重視している。

*経験用法の肯定文では、経験の回数を表す語 (句) を文末に置くことが多い。

once (かつて、1度)、twice (2度)、three times (3度)、many times (何度も) など

▶否定文「〜したことがない」

「一度も〜したことがありません」は、〈have[has] never ＋過去分詞〉の形で表す。

(肯定文)　My sister **has** **seen** boobies before.

(姉 [妹] は以前にカツオドリを見たことがあります)

(否定文)　My sister **has** never **seen** boobies.

(姉 [妹] はカツオドリを一度も**見たことがありません**)

> ＊neverは「一度も〜ない」という意味を表す否定語。現在完了形の経験用
> 法の否定文では、notの代わりにneverが使われることが多い。

DRILL

❶● 経験を表す現在完了形の文。〈have ＋ 過去分詞〉。
❷● 経験を表す現在完了形の否定文。主語が3人称単数なので〈has never ＋ 過去分詞〉
　　で表す。
❸● 「〜へ行ったことがある」はhave[has] been to 〜で表す。

テキストを読んでみよう③ 　　　　　　　　　　　　　　教科書p.64

Yui　 : What are these terraced fields?↘//
　　　　　　　　　　 テラスト　　フィールズ

Mike : Maybe / the Incas used them / to grow corn or potatoes.↘//
　　　　 メイビ　　　　　　　　　　　　　　　　　 コーン

Yui　 : They look so beautiful!↘//

Mike : Yes.↘// The people always lived / in harmony with nature.↘//
　　　　　　　　　　　　　　　　　　　　　　 ハーモニ

　　　　Not only the city / but also the forest around it / has become

　　　　a World Heritage site.↘//

Yui　 : Why did the Incas build this city here?↘//

Mike : That's another mystery to solve!↘//
　　　　　　　　　　　　 サルヴ

語句・文の研究

■ What are these terraced fields?「これらの段々畑は何？」

　　　terraced fields「段々畑」
　　　terraced [térəst テラスト] 形「段地になった」
　　　field [fíːld フィールド] 图「農地、野原、分野」
　　　● these terraced fieldsは、教科書p.64の写真の段々畑を指す。

Maybe the Incas used them to grow corn or potatoes.
「たぶんインカの人々はそれらをトウモロコシやジャガイモを育てるために使ったんだ」

maybe [méibi メイビ] 副 「たぶん、〜かもしれない」

corn [kɔ́ːrn コーン] 名 「トウモロコシ」

- maybeはふつう、文頭に置いて用いる。probablyよりも確信の度合いが低いと考えられる場合に用いる。
- themは前出のterraced fieldsを指す。
- to growは「〜を育てるために」という目的を表す不定詞。
- corn or potatoesこのorは選択肢を列挙するときに用いる「または、あるいは」ではなく、漠然と「〜や…のようなもの」という意味で使われている。

They look so beautiful! 「とても美しく見えるね！」
- Theyは前出のterraced fieldsを指す。
- 〈look + 形容詞〉で「〜に見える」という意味。

Yes. The people always lived in harmony with nature.
「うん。人々はいつも自然と調和して暮らしたんだ」

in harmony with 〜 「〜と調和して」

harmony [háːrməni ハーモニ] 名 「調和」

- The peopleはマチュ・ピチュの都市に住んでいたインカの人々を指す。

Not only the city but also the forest around it has become a World Heritage site.
「都市だけではなくそれの周りの森もまた世界遺産登録地になったんだよ」

not only 〜 but also ... 「〜だけでなく…も」

- the cityはthe city of Machu Picchuの意味。itもこれを指す。
- has becomeは現在完了形。主語the forestが3人称単数なので〈has + 過去分詞〉になる。「世界遺産登録地になるという動作が完了し、現在でも世界遺産登録地である」という意味の完了用法。

Why did the Incas build this city here?
「なぜインカの人々はこの都市をここに建てたの？」

- this cityはthe city of Machu Picchuを指す。
- hereはマチュ・ピチュのある山の尾根を指す。「なぜこのような所に都

市を作ったのか」と言っている。

That's another mystery to solve!
「それは別の解くべき謎だよ！」

solve [sálv サルヴ] 動 「～を解決する」

- That は直前の結衣の質問を指す。「なぜインカの人々はこのような場所に都市を建てたのか」ということ。
- another mystery は「もう１つの謎」という意味。教科書p.62では、インカの人々がどのようにして鉄製の道具や車輪なしで大きな石を切り出し、運んだかは謎だとされている。それを受けて、p.64では、なぜ標高の高い山に都市を作ったかが、もう１つの謎だと言っている。another は「追加でもう１つの」という意味。
- to solve は「解決するべき」という意味を表す。不定詞の形容詞用法で、直前のmysteryを修飾している。another mystery to solve は「解決するべきもう１つの謎」という意味。

和訳

結衣：これらの段々畑は何？
マイク：たぶんインカの人々はそれらをトウモロコシやジャガイモを育てるために使ったんだ。
結衣：とても美しく見えるね！
マイク：うん。人々はいつも自然と調和して暮らしたんだ。都市だけではなくそれの周りの森もまた世界遺産登録地になったんだよ。
結衣：なぜインカの人々はこの都市をここに建てたの？
マイク：それは別の解くべき謎だよ！

CHECK! 確認しよう

❶ 「インカの人々は、自然と調和して暮らしましたか」
教科書p.64の5～6行目参照。The people always lived in harmony with nature. とある。

❷ 「なぜインカの人々はマチュ・ピチュを建てたのですか」
教科書p.64の最終行参照。That's another mystery to solve! とある。

TALK! 話してみよう

❶ 「はい、私はジャガイモが大好きです！／まあまあです」

マイクの質問は「あなたはジャガイモが好きですか」。YesまたはNoで答える。大好きな場合はI love potatoes.と付け足すことができる。それほど好きでない場合はI don't like them so much.と言うことができる。so-soは「普通と悪いの間」「どちらかと言えば悪い」を表す語。

❷「そうですね、私は トマト／ニンジン／タマネギ／ラディッシュ が好きです」
マイクの質問は「あなたはほかにどんな野菜を食べますか」。likeのあとに野菜名を入れて答える。野菜名は複数形にする。

STUDY IT! ことばのしくみを学ぼう

「もう〜した、している」を表す言い方 ― have[has]＋過去分詞 〈現在完了形（完了）〉

現在完了形には、「もう〜した」「すでに〜してしまった」という現在までに完了した動作を表す用法がある。これを完了用法という。

▶肯定文「もう〜した、すでに〜した」
Machu Picchu **has become** famous.

（マチュ・ピチュは有名に**なりました**）

* 過去の文との違い

過去の文「〜しました」は、「〜した」という過去の事実に焦点が当てられる。一方、現在完了形では、「すでに〜した」「もう〜してしまった」という動作の完了が重視される。また完了用法は、「有名になった」など過去に起こった状態の変化が現在まで続いていることを表すときにも用いられる。

* 完了用法の肯定文では、already「すでに」、just「ちょうど」などの語を用いることがある。
We **have** just **cleaned** our classroom.

（私たちはちょうど教室を**掃除したところです**）

▶否定文「（まだ）〜していない」
「（まだ）〜していません」と動作が完了していないことを表すときは、〈have[has] not ＋過去分詞〉の形で表す。

（肯定文）　Ken has　　　finished his homework.

(ケンは宿題を終えてしまいました)

（否定文）　Ken **has not finished** his homework.

=hasn't　　　└→ 過去分詞

(ケンは宿題を**終えていません**)

＊否定文でも動詞は過去分詞形を使う。原形に戻さない。

＊否定文では文末にyet「まだ〜ない」を置くことがある。

Ken has not finished his homework <u>yet</u>.

▶疑問文

「（もう）〜しましたか」と、動作が完了したかどうかをたずねるときは、〈Have[Has]＋主語＋過去分詞 〜?〉の形で表す。

（肯定文）　　　Yui has arrived at the station.

(結衣は駅に到着しています)

（疑問文）　**Has** Yui **arrived**　　at the station?

└→ **過去分詞**　　(結衣は駅に**到着していますか**)

―Yes, she **has**. / No, she **has not[hasn't]**.

(はい、しています／いいえ、していません)

＊疑問文でも動詞は過去分詞を使う。原形に戻さない。

＊疑問文では文末にyet「もう〜したか」を置くことがある。

Has Yui arrived at the station <u>yet</u>?

DRILL

❶「私はすでに宿題をしました」

● 現在完了形は〈have＋過去分詞〉。do – did – done と変化する。

❷「あなたは夕食を食べてしまいましたか」

● 現在完了形の疑問文。eat – ate – eaten と変化する。

❸「彼女の兄［弟］はアイルランドへ行ってしまいました」

● 「〜へ行ってしまった（もういない）」はhave[has] gone to 〜。

SUM UP! 要約しよう

●「インカの都市、マチュ・ピチュは1983年以来、世界遺産登録地です」

●「インカの人々は石で（❶）を造りました」　教科書p.60の5〜6行目に What did the Incas use to build <u>them</u>? They used big stones. とある。them は3行目の these <u>buildings</u> を指す。

- **「興味深い (❷) の大きな石があります」**　教科書p.62の1〜2行目にWhat's this big stone? I've never seen a shape like this. とある。
- **「それは (❸) となんらかの関係がありました」**　教科書p.62の3〜4行目にIt had something to do with the sun. とある。
- **「また、彼らは段々畑を作り、自然と (❹) して暮らしました」**　教科書p.64の5〜6行目にThe people always lived in harmony with nature. とある。

語句　| 調和　　太陽　　形　　建物 |

PRACTICE! 練習しよう

1. 現在完了形を使った文を完成させ、おすすめの旅行先を伝える問題

例　Have you ever been to Peru? I went there three years ago. It's a very interesting place to visit. Have you ever heard of *chicha morada*? It's a famous drink in Peru.

- Have you ever been to 〜?は「〜へ行ったことがありますか」と過去の経験をたずねる現在完了形の文。下線部におすすめの旅行先を当てはめる。
- three years ago「3年前」は、その場所に行った時を表す語句。〜years ago（〜年前に）、last summer（この前の夏に）など過去を表す語句を入れる。
- hear of 〜は「〜について聞く」という意味。heardはhearの過去分詞形。
- famous drinkは *chicha morada* を簡単に説明する語句。
- in Peruは「ペルーで」〈in + 地名〉で表す。
- 訳　あなたはペルーへ行ったことがありますか。私は3年前にそこへ行きました。それは訪れるべきとても興味深い所です。あなたはチチャ・モラーダのことを聞いたことがありますか。それはペルーで有名な飲み物です。

2. 適切な語句を選んで文を完成させる問題

例　❶ I have bought gifts for my host family.
　　❷ I haven't checked the way to the airport yet.
- ❶〈have + 過去分詞〉「私は（すでに）〜しました」という完了を表す文。
- ❷〈haven't[have not] + 過去分詞 〜 yet〉「私はまだ〜していません」という完了用法の否定文。

- ❶❸❹ 「すでにしたこと」なので〈have + 過去分詞〉で表す。
  buy「〜を買う」、send「〜を送る」は不規則動詞。
  buy – bought – bought　send – sent – sent
- ❷❺ 「まだしていないこと」なので〈haven't[have not] + 過去分詞〉で表す。文末にyetを置いてもよい。
  readは不規則動詞。read – read – read
- ❸〜❺の動詞を過去分詞にして英文を完成させよう。

❶ ホストファミリーへのおみやげを買う
❷ 空港への行き方を確認する
❸ 英語の言い回しをいくつか練習する
❹ ホストファミリーにEメールを送る
❺ プログラムガイドを読む

3．カナダ訪問時にしたいことを聞き取るリスニング問題

スクリプト

A: Have you ever been abroad?
B: Yes.　I've been to Canada.　I stayed with a family there and studied English for a few weeks.　I also enjoyed playing hockey with Canadian high school students.
A: Sounds great.　Do you want to go there again?
B: Of course.　But I'd like to see more beautiful places.
Question: Next time, what does she want to do in Canada?

聞き取りのポイント

　現在完了・過去の文が読まれる。それぞれの文法の特徴を理解し、どの時制の話題であるかを正確につかむことが大切である。Bの応答のI've been to Canada.は「〜へ行ったことがある」という経験を表す文。続いて過去のできごと（＝カナダでしたこと）が話される。質問は「次回、カナダで何をしたいか」を問うものなので、Bの最後の発言のI'd like to 〜.が正解のポイントになる。

スクリプト訳

A：あなたは外国へ行ったことがありますか？
B：はい。私はカナダへ行ったことがあります。数週間そこの家族の家に滞在し、英語を勉強しました。私はまた、カナダの高校生と（アイス）ホッケー

をして楽しみました。

A：よかったですね。またそこへ行きたいですか？

B：もちろんです。でももっと多くの美しい場所を見てみたいです。

質問：次回、彼女はカナダで何をしたいですか？

語句

☆ Peru [pərú: ペルー] 图「ペルー」

☆ gift [gift ギフト] 图「贈り物」

☆ host [hóust ホウスト] 图「(客を招いてもてなす) 主人 (役)」

☆ phrase [fréiz フレイズ] 图「言い回し」

☆ email [i:mèil イーメイル] 图「E メール」動「E メールを送る」

☆ program [próugræm プロウグラム] 图「計画、予定」

☆ guide [gáid ガイド] 图「案内人、案内書」

|||||||||||||| CHALLENGE YOURSELF! ||||||||||||||

1. 自分が選んだ絵はがきと、選んだ理由を説明しよう。

Q: Which do you like?

A: I like ＿＿＿＿＿＿ because Cindy ＿＿＿＿＿＿＿＿＿＿＿.

● Which ～?は「どれ [どちら～]」とたずねる疑問文。

● I like のあとにA、B、Cの中から自分が選んだ絵はがきを書く。

● becauseのあとに囲みの表現を利用して理由を書こう。表現の文の～には、絵はがきに書かれている Machu Picchu などの地名や stone buildings、traditional dress などの興味・関心の対象となりそうなものの名前を当てはめよう。自分の好みではなく、シンディーが喜びそうな理由を書く。

訳

Q：あなたはどれがいいですか。

A：私は＿＿＿＿がいいです、なぜならシンディーは＿＿＿＿＿＿＿＿＿。

2. 自分が選んだ絵はがきの空所に適語を書いて、メッセージを完成させよう。

Dear Cindy,

● Dear ～, は「(親愛なる) ～へ」という意味。手紙やはがきなどの書き出

しのことば。

I've been in Peru for five days.

- I've = I have　been はbeの過去分詞形。「ずっと〜です」という現在完了形の文。for 〜は「〜の間」という意味。

I'm now at ＿＿＿＿＿＿.

- I'mは「私は〜にいます」という意味。atのあとに地名や場所を表す語（句）を入れる。ただし、ペルーにある場所であること。

I'm enjoying ＿＿＿＿ here.

- 〈be動詞＋動詞の-ing形〉の現在進行形の文。enjoyのあとには名詞、または動詞の-ing形を置く。

I chose this card because ＿＿＿＿＿＿＿.

- chose はchoose「〜を選ぶ」の過去形。becauseのあとに絵はがきを選んだ理由を書く（問題1参照）。

Looking forward ＿＿＿＿ you soon.

- Lookingの前にI'mが省略されている。look forward to 〜は「〜を楽しみにしている」という意味。you soonが続くように、空所に〈to ＋動詞の-ing形〉を入れる。

＿＿＿＿＿＿, ＿＿＿＿＿＿.

- 前の空所には結びのことば、あとの空所には自分の名前を書く。

和訳

親愛なるシンディー
　私は5日間ずっとペルーにいます。今は＿＿＿＿にいます。ここで＿＿＿＿を楽しんでいます。私はこの絵はがきを選びました、なぜなら＿＿＿＿だからです。近いうちに＿＿＿＿を楽しみにしています。

＿＿＿＿, ＿＿＿＿

語句

☆llama [láːmə **ラーマ**] 图「ラマ」

☆Cindy [síndi **シンディ**] 图「シンディー (人名)」

☆guess [gés **ゲス**] 動「推測する、（〜と）思う」

☆chose [tʃóuz **チョウズ**] 動「chooseの過去形」

☆choose [tʃúːz **チューズ**] 動「〜を選ぶ」

☆wish [wíʃ **ウィシュ**] 图「願い、望み」

☆forward [fɔ́ːrwərd **フォーワド**] 副「前へ、先へ」

Artificial Intelligence

アーティ**フィ**シャル　イン**テ**リヂェンス　　　第7課　人工知能

　　AI（人工知能）は、すでに私たちの身近な生活の中でも活躍しています。しかし、人間の営みのすべてをAIが取って代われるのでしょうか？

テキストを読んでみよう①　　　　　　　　　　　教科書p.70

Have you ever heard of Doraemon? ↗// He's a cat-type robot / with

"emotional circuits." ↘ // He can communicate with people. ↘ //
　　　　イ**モ**ウショナル　　**サ**ーキツ

He can cheer up others. ↘ // Doraemon shares pleasure and
　　　　　　　チア　　　　　　　　　　　　　　　　シェアズ　　　プレジャ

sadness. ↘// However, / he's seen only in cartoons. ↘// He's
サドネス　　　　　　　　　　　　　　　　　　カー**トゥ**ーンズ

different from today's artificial intelligence, / or AI. ↘//
　　　　　　　アーティ**フィ**シャル　イン**テ**リヂェンス　エイ**ア**イ

　　AI is developing year by year. ↘ // Someday, / Doraemon may
　　　　　　　　　　　　　　　　　　　　　　　　　　　サムデイ

become real. ↘//
　　　　リーアル

語句・文の研究

▌ **Artificial Intelligence「人工知能」**
　　artificial intelligence「人工知能」
　　「人間のように考え、学習してさまざまな課題を処理することができるコンピュータシステム」のこと。普通のコンピュータがプログラムされた通りの処理をすることに対して、人工知能は自律的に学習・判断し、状況に応じて臨機応変に対応する能力を備えている。身近なところでは、「掃除をするロボット」「自動運転する車」「音声認識機能による、コールセンターの業務サポート」などがある。「ペットロボット」のように人間の感情を分析することができるAIも存在している。

▌ **Have you ever heard of Doraemon?**
▌ **「あなたは今までにドラえもんのことを聞いたことがありますか？」**
　　● Have you ever ～?「あなたは今までに～したことがありますか」　現在までの経験をたずねる現在完了形の疑問文。

- hear of ～「～を耳にする」　heard は hear の過去・過去分詞形。
- Doraemon 「ドラえもん」　1969年から1996年まで連載された、藤子・F・不二雄によるSFまんがのタイトルで、主人公のネコ型ロボットの名前。日本のみならず、海外でも人気がある。生き方や社会問題、環境問題などのメッセージ性が強いエピソードもある。

He's a cat-type robot with "emotional circuits."
「彼は"感情をつかさどる回路"を持ったネコ型ロボットです」

cat-type robot 「ネコ型ロボット」
emotional circuits 「感情をつかさどる回路」
emotional [imóuʃənəl イモウショナル] 形 「感情的な、感情の」
circuit [sə́ːrkət サーキト] 名 「回路」
- He's = He is　He は Doraemon を指す。
- with ～ は「～を備えた、～のある」という意味の前置詞。

He can communicate with people.
「彼は人間とコミュニケーションをとることができます」

- communicate with ～ は「～と意思の伝達をする」「～とコミュニケーションをはかる」という意味。

He can cheer up others. 「彼は他人を励ますことができます」

cheer up ～「～を励ます」
cheer [tʃíər チア] 動 「～を元気づける」
- others は「ほかの人たち」という意味。

Doraemon shares pleasure and sadness.
「ドラえもんは喜びと悲しみを共有します」

share [ʃéər シェア] 動 「～を共有する」
pleasure [pléʒər プレジャ] 名 「楽しみ、喜び」
sadness [sǽdnəs サドネス] 名 「悲しみ」
- sadness は sad（悲しい）の名詞形。

However, he's seen only in cartoons. 🖻
「しかし、彼はまんがの中だけで見られます」

cartoon [kɑːrtúːn カートゥーン] 名 「まんが、アニメ」
- however は「しかしながら」という意味の副詞で、逆接を表す。

- he's = he is　seen は see の過去分詞形。〈主語 + be動詞 + 過去分詞〉の受け身の文で、「〜される」という意味を表す。he has seen（現在完了形）ではないので注意。

He's different from today's artificial intelligence, or AI.
「彼は今日の人工知能すなわち AI と異なります」

or「すなわち」
artificial [à:rtəfíʃəl アーティ**フィ**シャル] 圏「人工の」
intelligence [intélədʒəns イン**テ**リヂェンス] 图「知性、知能」
AI [èiái エイ**ア**イ] 图「人工知能」

- be different from 〜「〜と違っている」
- today's は「こんにちの、最近の」という意味。
- or は〜 , or ...の形で「〜、すなわち…」という意味を表す。
- AI = artificial intelligence
- ドラえもんは現在のAIにはない機能を備えているが、まんがの登場人物であり実在しない。

AI is developing year by year. 「AIは年々、発達しています」
year by year「年々」

- is developing は〈be動詞 + 動詞の-ing形〉の現在進行形の文。

Someday, Doraemon may become real.
「いつの日か、ドラえもんは現実になるかもしれません」

someday [sámdèi **サ**ムデイ] 圓「いつか」
real [ri:əl **リ**ーアル] 圏「現実の」

- may は「〜かもしれない」という推測を表す助動詞。
- become real「現実になる」＝「実在するようになる」

和訳

　あなたは今までにドラえもんのことを聞いたことがありますか？ 彼は"感情をつかさどる回路"を持ったネコ型ロボットです。彼は人間とコミュニケーションをとることができます。彼は他人を励ますことができます。ドラえもんは喜びと悲しみを共有します。しかし、彼はまんがの中だけで見られます。彼は今日の人工知能すなわちAIと異なります。
　AIは年々、発達しています。いつの日か、ドラえもんは現実になるかもしれません。

CHECK! 確認しよう

❶ 「ドラえもんは、“感情をつかさどる回路”を持っていますか」
　教科書p.70の1〜2行目参照。He's a cat-type robot with "emotional circuits."
　とある。

❷ 「あなたはどこでドラえもんを見ることができますか」
　教科書p.70の5行目参照。he's seen only in cartoonsとある。

TALK! 話してみよう

❶ 「はい、私は (よく／ときどき) 彼のまんがを読みます」
　ブラウン先生の質問は「あなたはドラえもんが好きですか」。Yesで答えたあ
　とに、読む頻度を答える。oftenは「よく」、sometimesは「ときどき」。

❷ 「私は、彼は かっこいい／こっけいな／かわいい／おもしろい と思います！」
　ブラウン先生の質問は「なぜ彼が好きなのですか」。自分がドラえもんを好き
　な理由を、状態を表す形容詞等を使って簡潔に答える。〈I think (that) + 主
　語＋動詞 〜.〉は、「私は〜だと思います」という意味の構文。

STUDY IT! ことばのしくみを学ぼう

「〜される、されている」を表す言い方 ― be動詞＋過去分詞 〈受け身 (現在形)〉

　「(主語が)〜される、されている」という意味を表すときは、〈be動詞＋
過去分詞〉の形を用いる。この形を受け身という。受け身の文は、行為者の
動作の対象が主語になる。

▶受け身の現在の文は〈am, are, is＋過去分詞〉で表す。

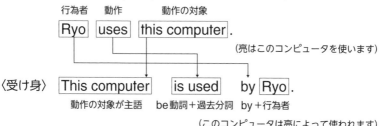

行為者	動作	動作の対象
Ryo	uses	this computer .

（亮はこのコンピュータを使います）

〈受け身〉　This computer　is used　by Ryo .
　　　　　動作の対象が主語　be動詞＋過去分詞　by＋行為者

（このコンピュータは亮によって使われます）

▶誰によってその行為がなされたか明らかな場合や、行為者が誰であるかが
　重要な話題ではないときは、〈by＋行為者〉を省略することがある。
　This shop is opened at ten. （この店は10時に開けられます）

❶ 「近頃、この歌手は多くの学生に愛されています」
- ● 受け身の文は〈be動詞＋過去分詞〉で表す。

❷ 「英語は多くの国で話されています」
- ● speak – spoke – spoken と変化する。

❸ 「彼の本は、今日、世界中で読まれています」
- ● 主語が複数なのでbe動詞はare。read – read – read と変化する。

テキストを読んでみよう②　　　　　　　教科書p.72

We've already developed some useful tools / with AI. ↘//

For example, / have you ever used a cleaning robot? ↗// This robot
　　　　　　　　　　　　　　　　　クリーニング
was invented / to clean rooms automatically. ↘// It adjusts its power
　　インヴェンティド　　　　　　　オートマティカリ　　　　　アチャスツ
to the amount of dust. ↘ // It recognizes obstacles in rooms. ↘ //
　　　アマウント　　ダスト　　　　レコグナイズィズ　アブスタクルズ
After cleaning, / it returns to its station. ↘ // These functions are
　　　　　　　　　　リターンズ　　　　　　　　　　　　ファンクションズ
controlled by AI. ↘//
コントロウルド

語句・文の研究

We've already developed some useful tools with AI.
「私たちはAIを使ったいくつかの便利な道具をすでに開発してきました」

We've = We have
- ● We は一般の人全体を指して「人は」という意味を表す。
- ● We've already developed　〈have already + 過去分詞〉は「すでに～している」という完了を表す現在完了形。
- ● with ～は「～を使った、～のついた」という意味。

For example, have you ever used a cleaning robot?
「例えば、あなたは今までにロボット掃除機を使ったことがありますか？」

cleaning [kliːniŋ クリーニング] 图「掃除、クリーニング」
- ● for example は「例えば」という意味の熟語。

- have you ever ～「あなたは今までに～したことがありますか」 経験をたずねる現在完了形の疑問文。
- cleaning robot「ロボット掃除機」 人の手を介することなく自動的に動いて掃除するロボット。

This robot was invented to clean rooms automatically.
「このロボットは部屋を自動的に掃除するために発明されました」

invent [invént インヴェント] 働「～を発明する」
automatically [ɔ̀:təmǽtikəli オートマティカリ] 副「自動的に」

- This robotは前出のa cleaning robotを指す。
- was inventedは〈be動詞の過去形＋過去分詞〉の過去の受け身。「～された」という意味を表す。
- to clean roomsは「部屋を掃除するために」という意味。to cleanは目的を表す不定詞。

It adjusts its power to the amount of dust.
「パワーをほこりの量に応じて調整します」

adjust ～ to ...「～を…に応じて調整する」
adjust [ədʒʌ́st アヂャスト] 働「～を調節する」
amount [əmáunt アマウント] 名「量、総計」
dust [dʌ́st ダスト] 名「ちり、ごみ、ほこり」

- Itとitsは前出のa cleaning robotを指す。
- amount of dustは「ほこりの量」という意味。

It recognizes obstacles in rooms.
「部屋にある障害物を認識します」

recognize [rékəgnàiz レコグナイズ] 働「(誰だか・何だかが) わかる」
obstacle [ábstəkl アブスタクル] 名「障害 (物)」

- Itはここで話題になっているa cleaning robotを指す。
- obstacles in roomsとは、部屋にある家具や生活用品などのことで、それらを認識して避けながら掃除ができるということ。

After cleaning, it returns to its station.
「掃除のあと、それがいつもある場所に戻ります」

its station「それがいつもある場所」
return [ritə́:rn リターン] 働「帰る、戻る」

- return to ～「～に戻る」
- stationには「定位置」という意味がある。ロボット掃除機は掃除が終わると充電するために、充電器具のある定位置に戻る必要がある。

These functions are controlled by AI.
「これらの機能はAIによってコントロールされています」

function [fΛ́ŋkʃən ファンクション] 图「機能」

control [kəntróul コントロウル] 動「～を制御する、コントロールする」

- These functionsは教科書p.72の5～7行目に書かれている機能を指す。
- 〈be動詞の現在形＋過去分詞＋by ～〉 受け身の現在の文。「～によって…されている」

和訳

　私たちはAIを使ったいくつかの便利な道具をすでに開発してきました。
　例えば、あなたは今までにロボット掃除機を使ったことがありますか？ このロボットは部屋を自動的に掃除するために発明されました。パワーをほこりの量に応じて調整します。部屋にある障害物を認識します。掃除のあと、それがいつもある場所に戻ります。これらの機能はAIによってコントロールされています。

CHECK! 確認しよう

❶ 「ロボット掃除機は、部屋の障害物を認識することができますか」

教科書p.72の6～7行目参照。It recognizes obstacles in rooms.とある。

❷ 「ロボット掃除機は、清掃後にどこへ戻りますか」

教科書p.72の7行目参照。After cleaning, it returns to its station.とある。

TALK! 話してみよう

❶ 「はい。それは便利です／いいえ、私はそれを必要としません」

ブラウン先生の質問は「あなたは家にロボット掃除機を持っていますか」。
Yes / Noで答えたあとに、ロボット掃除機に対する感想などを加えてみよう。

❷ 「私は、宿題をする／試験を受ける／英語の練習をする ためのロボットがほしいです」

ブラウン先生の質問は「あなたはどんな種類のロボットがほしいですか」。自分がほしいロボットをa robot for ～「～（する）ためのロボット」という形で言ってみよう。forは前置詞なので、あとに動詞が続く場合は-ing形にする。

SAY IT!

[d]、[t]、[əd]の発音の違いに注意しよう。

[d] returned＜return「帰る、戻る」　　controlled＜control「～を制御する」
　　リターンド　　　　　　　　　　　　　　コントロウルド

　　lived＜live「住む」　　played＜play「遊ぶ」　　tried＜try「試みる」
　　リヴド　　　　　　　　プレイド　　　　　　　　トライド

[t] developed＜develop「～を発達させる」
　　ディヴェロプト

　　stopped＜stop「～を止める、止まる」　　touched＜touch「～に触れる」
　　スタプト　　　　　　　　　　　　　　　タチト

　　worked＜work「働く」　　washed＜wash「～を洗う」
　　ワークト　　　　　　　　ワシュト

[əd] invented＜invent「～を発明する」　　added＜add「～を加える」
　　インヴェンティド　　　　　　　　　　　アディド

　　created＜create「～を作り出す」　　started＜start「～を始める、始まる」
　　クリエイティド　　　　　　　　　　スターティド

　　decided＜decide「～を決心する」
　　ディサイディド

STUDY IT! ことばのしくみを学ぼう

「～された、されていた」を表す言い方 — be動詞＋過去分詞 〈受け身（過去形）〉

「（主語が）～された、されていた」という意味を表すときは、〈be動詞＋過去分詞〉を用いる。

▶受け身の過去の文は〈was, were＋過去分詞〉で表す。

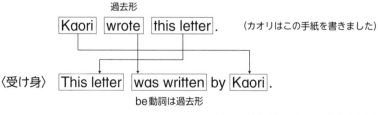

過去形

| Kaori | wrote | this letter | . | （カオリはこの手紙を書きました）

〈受け身〉 This letter was written by Kaori .

be動詞は過去形

（この手紙はカオリによって書かれました）

＊行為者が明記されない受け身

This cake was made this morning. （このケーキは今朝、作られました）

→誰がケーキを作ったのかを特に問わないときは、by 〜が省かれる
ことがある。

DRILL

❶「この病院は２年前に建てられました」

● 〈be動詞＋過去分詞〉の受け身の文。過去の文はbe動詞を過去形にする。build –
built – builtと変化する。

❷「これらの物語は太宰治によって書かれました」

● 過去の受け身の文。主語が複数なので、areの過去形を使う。write – wrote –
writtenと変化する。

❸「私のカメラは昨日、兄［弟］によって壊されました」

● 過去の受け身の文。break – broke – brokenと変化する。

Are human emotions understood by AI? ↗ // Some people keep
ヒューマン イモウションズ

a pet robot.↘// The owner's facial expressions and voice / are
オウナズ フェイシャル ヴォイス

collected and analyzed / by AI.↘// When the owner is kind, / the pet
コレクティド アナライズド

becomes friendly. ↘ // But emotion isn't created / by AI technology
フレンドリ テクナロヂ

yet.↘//

How will AI develop in the future? ↘ // Do you think / robots will

have emotions someday?↗//

語句・文の研究

Are human emotions understood by AI? 📖
「人間の感情はAIによって理解されますか？」

human [hjúːmən ヒューマン] 形「人間の」 名「人間」

emotion [imóuʃən イモウション] 图「感情」

- 〈be動詞＋主語＋過去分詞〜?〉受け身の疑問文。understood は understand の過去分詞形。understand – understood – understood と変化する。

Some people keep a pet robot.
「ペットロボットを飼っている人もいます」

keep 〜「〜を飼う」

- Some people 〜.は「〜する人もいる」という意味。
- pet robot「ペットロボット」 イヌ、ネコといった小型の動物の形をしているものが多い。人とコミュニケーションをとることにより、「飼い主」の心を和ませたり、楽しませたりするようにプログラムされたロボット。

The owner's facial expressions and voice are collected and analyzed by AI.
「AIによって飼い主の表情と声が集められて分析されます」

owner [óunər オウナ] 图「所有者、持ち主」
facial [féiʃəl フェイシャル] 形「顔の」
voice [vɔ́is ヴォイス] 图「声」
collect [kəlékt コレクト] 動「〜を集める、収集する」
analyze [ǽnəlàiz アナライズ] 動「〜を分析する」

- 「〜によって…される」という受け身の文。
- ペットロボットにはカメラやマイクが備え付けられていて、集められた画像や音声からAIが情報を分析して「飼い主」の様子や状態を推察する。

When the owner is kind, the pet becomes friendly.
「飼い主が優しいとき、ペットはフレンドリーになります」

friendly [fréndli フレンドリ] 形「親しい」

- ペットロボットは、分析した飼い主の状態にあわせて適切な接し方を判断することができる。

But emotion isn't created by AI technology yet. 📖
「しかしまだ感情はAI技術によって作り出されません」

technology [teknálədʒi テクナロヂ] 图「科学技術、テクノロジー」

- isn't = is not
- 現在の受け身の否定文。「〜されない」

- AIは人間の感情を分析することができるが、現時点では自ら感情を持つことはできないとされる。

How will AI develop in the future?
「AIは将来どのように発達するでしょうか？」
in the future「将来は」
- How will ～?は「どんなふうに～するでしょうか」とたずねる疑問文。

Do you think robots will have emotions someday?
「あなたはロボットがいつの日か感情を持つと思いますか？」
- 〈Do you think (that) + 主語 + 動詞～?〉の文。「あなたは…が～すると思いますか」
- somedayは「いつか」という意味。

和訳

人間の感情はAIによって理解されますか？ ペットロボットを飼っている人もいます。AIによって飼い主の表情と声が集められて分析されます。飼い主が優しいとき、ペットはフレンドリーになります。しかしまだ感情はAI技術によって作り出されません。

AIは将来どのように発達するでしょうか？ あなたはロボットがいつの日か感情を持つと思いますか？

CHECK! 確認しよう

❶ 「AIペットロボットによって何が分析されますか」
教科書p.74の2～4行目参照。The owner's facial expressions and voice are collected and analyzed by AI. とある。

❷ 「ペットロボットには感情がありますか」
教科書p.74の5～6行目参照。But emotion isn't created by AI technology yet. とある。

TALK! 話してみよう

❶ 「はい、飼っています／いいえ、飼っていません」
ブラウン先生の質問は「あなたはペットを飼っていますか」。Yes または No で答える。あとに I have a dog. や I want a cat. など短い1文を加えてもよい。

❷❸ 「それは❸ 本物ではない／必要ない／世話をしやすい／楽しい ので、❷（ほ

しいと思います／ほしいと思いません）」

ブラウン先生の質問は「ペットロボットを所有してみたいですか」。所有したいときはI think so、所有したいと思わないときはI don't think soと答え、その理由をbecause it'sのあとに続ける。

STUDY IT! ことばのしくみを学ぼう

「〜されません」「〜されますか」を表す言い方 ──〈受け身（否定文・疑問文）〉

▶否定文「〜されません、されていません」

否定文はbe動詞のあとにnotを置く。動詞は過去分詞形を使う。

（肯定文） This car is   washed on Sundays.

（この車は日曜日に洗われます）

be動詞のあとにnot

（否定文） This car **is not washed** on Sundays.

=isn't   → 否定文でも過去分詞形

（この車は日曜日に**洗われません**）

▶疑問文「〜されますか」「〜されていますか」

疑問文はbe動詞を主語の前に置く。動詞は過去分詞形を使う。

（肯定文）   Kyoto is visited by many people.

（京都は多くの人々に訪問されます）

（疑問文） **Is** Kyoto   **visited** by many people?

主語の前にbe動詞   → 過去分詞形 （京都は多くの人々に**訪問されますか**）

―Yes, it **is**. / No, it **is not[isn't]**.

（はい、されます／いいえ、されません）

DRILL

❶（否定文）「すしはこの国で知られていません」

（疑問文）「すしはこの国で知られていますか」

❷（否定文）「彼らは昨日、彼女の誕生日パーティーに招待されませんでした」

（疑問文）「彼らは昨日、彼女の誕生日パーティーに招待されましたか」

❸（否定文）「そのドレスはペルーで作られませんでした」

（疑問文）「そのドレスはペルーで作られましたか」

● 否定文はbe動詞のあとにnotを置く。疑問文はbe動詞を主語の前に出す。否定文・疑問文ともに、動詞は過去分詞形のまま。

- 「AIは artificial intelligence（人工知能）を意味します」
- 「人間はAIで多くのものを開発しています」
- 「例えば、(❶) 掃除機は障害物を認識し、自動的に部屋を掃除することができます」　教科書p.72の4～5行目に This <u>robot</u> was invented to clean rooms automatically.、6～7行目に It recognizes obstacles in rooms. とある。
- 「ペットロボットはAIを使うことにより、人間の(❷)をいくらか理解することができます」　教科書p.74の1～2行目に Are human <u>emotions</u> understood by AI? とある。2～4行目に感情を理解する方法が述べられている。
- 「AIはまだ感情を(❸)ことができません」　教科書p.74の5～6行目に emotion isn't <u>created</u> by AI technology yet とある。
- 「しかし、AIの発展と共に、ドラえもんのようなロボットが、ある日(❹)ものになるかもしれません」　教科書p.70の8～9行目 Someday, Doraemon may become <u>real</u>. とある。

語句 | 感情　　ロボット　　現実の　　作り出す

1．受け身を使った文を完成させ、和食の材料を説明する問題

　例　Cindy：What's this dish?
　　　あなた：It's *nikujaga*. It's made of <u>beef</u>, <u>potatoes</u> and <u>carrots</u>.

- dish は「料理」という意味。
- まず It's ～. で料理名を答える。次に〈It's made of ＋食材名.〉で材料を説明する。be made of ～は「～でできている」という意味。
- 食材名を列挙するときは A and B、A, B, C and D のようにする。
- 例にならい、❶、❷の料理に使う材料を自由に書いてみよう。
- 訳　シンディー：この料理は何ですか。
　　　あなた：<u>肉じゃが</u>です。<u>牛肉</u>、<u>ジャガイモ</u>、<u>ニンジン</u>でできています。

語句 | キュウリ　　ナス　　米、ご飯　　のり　　れんこん
クルマエビ、テナガエビ　　卵

2．与えられた語句を使って、受け身の文を完成させる問題

例 *Botchan* was written by Natsume Soseki.

- 〈本のタイトル + was written by + 作家名.〉で表す。written は write の過去分詞形。
- 例にならい、❶、❷の本の著者を紹介する文を書こう。
- 訳 『坊ちゃん』は夏目漱石によって書かれました。

語句
❶ 『ピーターラビット』／ビアトリクス・ポター
❷ 『ハリー・ポッター』／J. K. ローリング

3．食事の金額を聞き取るリスニング問題 🎧

スクリプト

Ryo:　Everything was so delicious!
Emma: I'm happy you enjoyed it.
Ryo:　I'll pay today.
Emma: But you were invited by me, so you don't have to pay.
Ryo:　But I should pay something!
Emma: OK. Then let's split the bill.
Ryo:　In other words, we pay fifty-fifty?
Emma: Yes.　Here is my 10 dollars.
Question: How much did they pay together for their food?

聞き取りのポイント

「金額を聞き取る」という問題なので、数字を正しく聞き取ることが不可欠である。ただし、ポイントは「どちらが支払うか」「互いに何割負担にするか」という話し合いの場面にある。最終的に読まれる金額はエマの負担分であり、しかも質問は「ふたりまとめていくら支払ったか」であることにも注意が必要である。対話文全体を注意深く聞くことが大切。

- I'm happy (that) 〜.「私は〜がうれしい」
- split the bill「割り勘にする」
- in other words「すなわち」
- Here is 〜.「〜があります」

スクリプト訳

亮：どれも、とてもおいしかったね。
エマ：あなたが楽しんでくれてよかったわ。

亮：今日はぼくが払うよ。

エマ：でもあなたは私に招待されたのだから、あなたが払う必要はないわ。

亮：でも、ぼくもいくらかは払わなくては。

エマ：わかったわ。じゃあ、割り勘にしましょう。

亮：つまり、半々にするってこと？

エマ：そうよ。はい、私の10ドルね。

質問：彼らは食事代として、ふたりでいくら払いましたか。

語句

☆development [divéləpmənt ディ**ヴェ**ロプメント] 图「発達、発展」

☆cucumber [kjú:kʌmbər **キュー**カンバ] 图「キュウリ」

☆eggplant [égplænt **エグ**プラント] 图「ナス」

☆lotus root [lóutəs rù:t **ロ**ウタス ルート] 图「れんこん」

☆prawn [prɔ́:n プローン] 图「クルマエビ、テナガエビ」

☆Peter Rabbit [pí:tər ræbət **ピー**タ ラビト] 图「ピーターラビット (作品名)」

☆Beatrix Potter [bíətriks pútər **ビ**アトリクス **パ**タ] 图「ビアトリクス・ポター (人名)」

☆Harry Potter [hæri pútər **ハ**リ **パ**タ] 图「ハリー・ポッター (作品名)」

☆J.K. Rowling [dʒéi kéi róuliŋ **チェイ ケイ ロ**ウリング] 图「J. K. ローリング (人名)」

IIIIIIIIIIIIII CHALLENGE YOURSELF! IIIIIIIIIIIIII

1. 賞品にしてほしいものと、それを選んだ理由を説明しよう。

Your Recommendation _____

What does it do? It helps us when we _____ .

❶ 「お話しロボット」　　❷ 「スマートスピーカー」

❸ 「翻訳機」　　❹ 「ロボット掃除機」

● ❶〜❹の製品から１つ選んでYour Recommendation の欄に書こう。

● What does it do?の欄に、その製品の機能を説明する語句を書こう。we のあとに動詞で始まる語句を書く。

語句

英会話を練習する　　時間を節約したい　　英語を勉強する
英語の試験を受ける　　疲れている　　誰かと話したい
宿題をする　　日本語を他の言語に翻訳する

あなたのお勧め：＿＿＿＿＿＿＿＿＿＿＿＿＿
それは何をしますか：それは＿＿＿＿＿＿＿＿＿＿＿＿＿＿＿＿ときに役に立ちます。

2．1で選んだ景品と理由について、意見を伝え合おう。

例

A： I'd like to recommend a cleaning robot. It helps us when we want to save time.

B： Are you sure? I believe a translator is much better because it helps us when we do our homework.

C： I think so, too.

- **B**の Are you sure? は「本当に？」と、相手に確認するときに用いる。
- much better は「ずっとよい」という意味。better は good「よい」の比較級で、much は比較級を強める働きをする。
- **C**の I think so, too. は「私もそう思います」と相手の意見に同意・賛成するときに用いる表現。ここでは**B**の意見に賛成している。

A：私はロボット掃除機をお勧めしたいです。時間を節約したいときに助けてくれます。

B：本当ですか？　私は翻訳機の方がずっとよいと信じています。宿題をするときに助けてくれるからです。

C：私もそう思います。

語句

☆conversation [kànvərséiʃən カンヴァ**セ**イション] 图「会話」

☆smart [smá:rt ス**マ**ート] 形「頭の良い、コンピュータ制御の」

☆translator [trænsleitər ト**ラ**ンスレイタ] 图「翻訳者［家］、通訳（者）、翻訳機」

☆recommendation [rèkəmendéiʃən レコメン**デ**イション] 图「勧告、推薦」

☆save [séiv **セ**イヴ] 動「～を救う、節約する」

☆translate [trænslèit ト**ラ**ンスレイト] 動「～を訳す、翻訳する」

☆opinion [əpínjən オ**ピ**ニョン] 图「意見、考え」

Today's Special

本日のおすすめ

2

1　KEY EXPRESSIONS!　　　　　　　対話を聞いて練習する。

Waiter : Are you ready to order? ↗//
ウェイタ

Yoko　: What's today's special? ↘//

Waiter : Our special today is omelets. ↘//
アムレツ

Yoko　: Sounds good. ↘// I'll have that. ↘//

重要表現

● today's special 「本日のおすすめ (料理)」

和訳

> ウェイター：ご注文はお決まりですか？
> ヨウコ：本日のおすすめは何ですか？
> ウェイター：本日のおすすめはオムレツです。
> ヨウコ：いいですね。それにします。

語句

☆ waiter [wéitər ウェイタ] 图 「ウェイター、(男性の) 給仕」
☆ omelet [ɑ́mlət アムレト] 图 「オムレツ」

2　FUNCTION CHECK!　　　　　　　よく使われる表現を学ぶ。

● Are you ready to order? ／ Can I take your order?
「ご注文はお決まりですか」　レストランなどで担当者が注文を取るときの決まり文句。注文が決まっているときは Yes. I'll have 〜 . 「はい。〜にします [〜をください]」と言う。まだ決まっていないときは Not yet. 「いえ、まだです」

などと言う。

＊関連表現　〜, please. / I'd like 〜, please.「〜をください」

● Anything to drink? 「何かお飲み物はいかがですか」
ほしいときは (I'd like) 〜, please. と具体的な飲み物の名前を言う。必要ない
ときは No, thanks.「いいえ、結構です」と言う。

● What do you have for 〜? 「〜には何がありますか」
前菜やデザートのメニューをたずねるときなどに使う表現。

＊関連表現　Can I have 〜?「〜はありますか」

● What's today's special? 「本日のおすすめは何ですか」

● Our special today is 〜. 「本日のおすすめは〜です」

| 3 | TALK! | 実際に対話する。 |

A: Can I take your order?
B: What do you have for dessert?
A: Our special today is **cheesecake**.
B: Great. I'll have that.
A: Anything to drink?
B: Yes. **Orange juice**, please.

■本日のデザート■　　　　　　　■飲み物■
チーズケーキ　アップルパイ　　　コーヒー　　紅茶　　オレンジジュース
アイスクリーム

和訳

A：ご注文はお決まりでしょうか？
B：デザートに何がありますか？
A：本日のおすすめは**チーズケーキ**です。
B：いいですね。それをいただきます。
A：何かお飲み物はいかがですか？
B：はい。**オレンジジュース**をください。

語 句

☆dessert [dizə́:rt ディ**ザー**ト] 图「デザート」

☆cheesecake [tʃí:zkèik **チー**ズケイク] 图「チーズケーキ」

☆pie [pái **パ**イ] 图「パイ」

☆ice cream [áis krì:m **アイ**ス クリーム] 图「アイスクリーム」

☆orange [ɔ́:rəndʒ **オー**レンヂ] 图 形「オレンジ (の)、オレンジ色 (の)」

☆juice [dʒú:s **ヂュー**ス] 图「ジュース」

LESSON 8 Is There a Santa Claus?

イズ **ゼ**ア ア **サ**ンタクローズ　第8課　サンタクロースはいますか？

クリスマスの楽しみは何ですか？　ケーキ、それともプレゼント？　子どもた
ちから、サンタクロースがいるかどうか質問されたら、あなたはどう答えますか？

テキストを読んでみよう①　　　　　　　　　　　　　　　　教科書p.82

Virginia was a little girl / who wanted to know about Santa
ヴァ**ヂ**ニア　　　　　　　　　　　　　　　　　　　　　　　　　**サ**ンタ
Claus. ↘ // She sent a question to *The Sun*, / an American
クローズ　　　　　セント
newspaper, / in 1897.↘// It said: /

Dear Editor, /
　　　エディタ
　I am 8 years old.↘//

　Some of my little friends say / there is no Santa Claus.↘//

　Please tell me the truth; / is there a Santa Claus?↗//
　　　　　　　　　トルース

Virginia O'Hanlon
オウ**ハ**ンロン

語句・文の研究

Virginia was a little girl who wanted to know about
Santa Claus.
「バージニアはサンタクロースについて知りたかった小さい女の子でした」

Virginia「バージニア」（女性の名前）
Virginia [vərdʒínjə ヴァ**ヂ**ニア] 图「バージニア（人名）」
Santa Claus [sǽntəklɔ̀ːz **サ**ンタ クローズ] 图「サンタクロース」

● サンタクロースは、キリスト教にまつわる伝説上の人物。地域や時代
　によって外見などの設定に小さな違いがみられる。

● a little girl who wanted to know about ～「～について知りたがって
　いる小さな女の子」　whoは関係代名詞といい、名詞の直後に置かれ、
　whoに続く語句がその名詞を後ろから修飾（補足説明）する。ここで
　はwho wanted to know about ～「～について知りたがっている」が

110

a little girl「小さな女の子」を修飾している。関係代名詞whoは、説明する名詞が「人」の場合に用いられる（関係代名詞については教科書p.83 STUDY IT!参照）。

名詞　　　　　　　　　　　関係代名詞＋語句

a little girl **who** wanted to know about Santa Claus

She sent a question to *The Sun*, an American newspaper, in 1897.
「1897年、彼女は質問をアメリカの新聞『ザ・サン』に送りました」

sent [sént **セント**] 動「sendの過去・過去分詞形」
The Sun『ザ・サン』（1833年創刊のアメリカの新聞）
1897 = eighteen ninety-seven

- *The Sun*, an American newspaper,「アメリカの新聞、『ザ・サン』」コンマで区切られた部分（an American newspaper）は、前の名詞（*The Sun*）を説明するために挿入されている。*The Sun* = an American newspaperの関係が成り立つ。

It said:「このような内容でした：」

- Itは直前のa questionを指す。
- saidはsayの過去形。このsayは「〜と書いてある」という意味で、主語が手紙、標識・看板などの案内、新聞や雑誌などのときに用いられる。It saidは「それ（＝質問）には〜と書いてありました」という意味を表す。
- :（コロン）　コロンの前にある名詞やことがらについて補足や具体的な説明を加えるときに使われる記号。コロンのあとに説明する単語や語句、文を続ける。

Dear Editor,「編集者のかたへ、」

editor [édətər **エディタ**] 名「編集者」
- Dear 〜,　「(親愛なる)〜さんへ」　手紙やメッセージの書き出しのことば。

I am 8 years old.「私は8歳です」

- 年齢は〜 year(s) oldで表す。

Some of my little friends say there is no Santa Claus.
「私の小さな友だちの何人かがサンタクロースはいないと言っています」

- littleは「年齢的に幼い、年端もいかない」という意味。8歳の女の子が友だちをlittle friendsと表現している。
- there is no ～「～がない、いない」

Please tell me the truth; is there a Santa Claus?
「私に本当のことを教えてください。サンタクロースはいますか？」

truth [trúːθ トルース] 图「真実、本当のこと」

- ：（セミコロン） 関連性のある2つの文をつなぐ働きをする。ここではPlease tell me the truthという文と、それを具体的な質問の形にしたis there a Santa Claus?をつないでいる。＊コロンとセミコロンには、前後の語（句）や文の形による使い方の決まりがある。
- a Santa Claus「サンタクロースという人」 面識のない、実在するかどうかもわからない人物を指して「～という人」と言うとき、固有名詞にaをつけて可算名詞化することがある。

Virginia O'Hanlon「バージニア・オハンロン」

Virginia O'Hanlon「バージニア・オハンロン」（女性の姓名）
O'Hanlon [ouhǽnlən オウハンロン] 图「オハンロン（人名）」

- 手紙やメッセージの署名として名前が書かれている。
- アイルランド系の姓にはO'で始まるものがある。

和訳

　バージニアはサンタクロースについて知りたかった小さい女の子でした。1897年、彼女は質問をアメリカの新聞『ザ・サン』に送りました。
　このような内容でした：
　編集者のかたへ、
　　私は8歳です。
　　私の小さな友だちの何人かがサンタクロースはいないと言っています。
　　私に本当のことを教えてください。サンタクロースはいますか？
　　　　　　　　　　　　　　　　　　　　　バージニア・オハンロン

CHECK! 確認しよう

❶ 「バージニアが新聞社に質問を送ったとき、彼女は8歳でしたか」
　教科書p.82の6行目参照。I am 8 years old.とある。

❷ 「誰がバージニアに、サンタクロースはいないと言いましたか」
　教科書p.82の7～8行目参照。Some of my little friends say there is no Santa

Claus. とある。

TALK! 話してみよう

❶「はい、あります／いいえ、ありません」

マイクの質問は「あなたは新聞社や雑誌社に質問を送ったことがありますか」。Yes または No で答える問題。経験を問う現在完了形の疑問文なので、have を使って答える。

❷「私は、それは よい／難しい／すばらしい／賢明な／奇妙な 質問だと思います」

マイクの質問は「あなたはバージニアの質問をどう思いますか」。I think (that) ～ . の文で答える。□ の中に、question を修飾する形容詞を入れる。

STUDY IT! ことばのしくみを学ぼう

「～する人」と人について説明する言い方 ― 人＋who〈関係代名詞who（主格）〉

▶関係代名詞の働き

　名詞をくわしく説明するとき、語句や文で名詞を修飾することがある。その場合、名詞と、名詞を修飾する語句や文をつなぐ語が必要である。その働きをする語を関係代名詞という。

```
男の子        （どんな？）    動物が好きな
the boy              who likes animals
先行詞                 関係代名詞
            関係代名詞以下が名詞を修飾する
```

＊〈関係代名詞＋語句〉は、修飾する名詞の直後に置く。
＊〈関係代名詞＋語句〉に修飾される名詞を先行詞という。

▶関係代名詞の種類

　関係代名詞は、働きにより3種類に分けられる。また、関係代名詞は主語によって使い分ける。

関係代名詞の働き	主語が「人」	主語が「人」以外 （もの、動物、ことがら）
主格 （主語の役割をする）	who, that	which, that
目的格 （目的語の役割をする）	who[whom], that	which, that
所有格 （所有の意味を表す）	whose	whose

▶ 「～する人」と人について説明する言い方

> ● 関係代名詞は、主語の役割をする。
> ● 関係代名詞は、先行詞と先行詞を修飾する語句を結びつける。

「私には友だちがいます」　　（どんな友だち？）　　「彼は音楽が好きです」

I have a friend .　　　　　　　　He likes music.

> He を主語の役割をする関係代名詞に置きかえる。
> 先行詞が「人」なので関係代名詞は who を用いる。
> 主語の働きをする関係代名詞の場合、直後に動詞が続く。

I have a friend **who** likes music.（私には**音楽の好きな友だち**がいます）
先行詞　　　　　　　〈関係代名詞＋動詞～〉が後ろから先行詞を修飾

＊関係代名詞 who の代わりに、関係代名詞 that を用いることもできる。

DRILL

❶ ● 〈先行詞＋関係代名詞＋（助）動詞～〉の語順になる。先行詞は a teacher。
❷ ● 関係代名詞主格を使った文。先行詞は The woman。
❸ ● 関係代名詞主格を使った文。先行詞は The man。

テキストを読んでみよう②　　　　　　　　　教科書 p.84

In 1927, / the national broadcasting station in Finland made
　　　　　　　　　　　ブロードキャスティング　　　　　　　フィンランド

an announcement. ↘// They said / that Santa Claus lives with his
　アナウンスメント

gnomes in Lapland / in the north of the country. ↘// His post office
ノウムズ　　　ラップランド　　　　　　　　　　　　　　　　　　ポウスト オフィス

is in a village which is on the Arctic Circle. ↘// Thousands of letters
　　　　　　　　　　　　　　　　　アークティク サークル

are sent to Santa / from children all over the world. ↘// He and the

gnomes are busy writing replies every day. ↘//
　　　　　　　　　　　リプライズ

In 1927, the national broadcasting station in Finland made an announcement.

「1927年に、フィンランド国営放送局がある発表をしました」

1927＝nineteen twenty-seven

broadcasting [brɔ́:dkæ̀stiŋ ブロードキャスティング] 图「放送」

Finland「フィンランド」（北欧にある共和国）

Finland [fínlənd フィンランド] 图「フィンランド」

announcement [ənáunsmənt アナウンスメント] 图「発表、アナウンス」

● national broadcasting「国営放送」

● make an announcement「発表する」

They said that Santa Claus lives with his gnomes in Lapland in the north of the country.

「彼らは、サンタクロースはノームたちといっしょに、国［フィンランド］の北部にあるラップランドに住んでいると言いました」

gnome「ノーム（地の精）」

gnome [nóum ノウム] 图「ノーム、地の精」

Lapland「ラップランド」（スカンジナビア半島北部の地域）

Lapland [lǽplænd ラップランド] 图「ラップランド」

〜 in the north of ...「…の北部にある〜」

● They は前出の the national broadcasting station を指す。組織や団体を代名詞に置きかえるときは、その組織・団体の関係者を含めて they を用いることがよくある。

● 〈They said that ＋主語＋動詞〜.〉は「〜ということだ」という意味を表す。said が過去形であることに対して lives が現在形であることに注意。They said「彼らが言った」は過去のできごとであるが、Santa Claus lives with his gnomes in Lapland in the north of the country は当時だけでなく「現在でも住んでいる」ことを意味する。

●「ノーム」は地中に住むとされる伝説上の小人。色鮮やかなとんがり帽子をかぶり、白いひげをたくわえた老人の姿で描かれることが多い。国によって呼び方が異なり、フィンランドでは Tonttu（トントゥ）と呼ばれている。

●「ラップランド」はスウェーデン・ノルウェー・フィンランド・ロシアの4か国にまたがる地域で、独立国ではない。

His post office is in a village which is on the Arctic Circle.
「彼の郵便局は北極圏にある村にあります」

    post office [póust ɔ́fəs ポウスト オフィス] 图「郵便局」
    the Arctic Circle「北極圏」
    Arctic Circle [ɑ́ːrktik sɚ́rkl アークティク サークル] 图「北極圏」

- his post office　フィンランドの北極圏に実在する「サンタクロース中央郵便局」を指す。現在でも世界中の子どもたちから、サンタクロースへの手紙が届く。職員は子どもたちの夢を壊さないために、サンタクロース宛の手紙に返事を書き続けている。

- a　village which is on the Arctic Circle「北極圏にある村」

    a villageは先行詞、whichは関係代名詞主格。先行詞が「人以外」なのでwhichが使われている。which以降がa villageを後ろから修飾している。

- 北極圏とは、北緯66度33分以北の地域。真夏は太陽がほぼ沈まず、真冬は太陽がほぼ昇らない。

Thousands of letters are sent to Santa from children all over the world.
「多くの手紙が世界中の子どもたちからサンタに送られています」

    thousands of ～「何千もの[多くの]～」
    all over the world「世界中の」

- sentはsend（～を送る）の過去・過去分詞形。〈be動詞＋過去分詞〉の受け身の文。

He and the gnomes are busy writing replies every day.
「彼とノームたちは毎日返事を書くのに忙しいです」

    be busy ～ing「～するのに忙しい」
    reply [riplái リプライ] 图「答え、返事」

- 〈主語＋be動詞＋補語〉の文。areとwritingがあるが、現在進行形の文ではない。

和訳

　1927年に、フィンランド国営放送局がある発表をしました。彼らは、サンタクロースはノームたちといっしょに、国［フィンランド］の北部にあるラップランドに住んでいると言いました。彼の郵便局は北極圏にある村にありま

す。多くの手紙が世界中の子どもたちからサンタに送られています。彼とノームたちは毎日返事を書くのに忙しいです。

CHECK! 確認しよう

❶「サンタの郵便局はどこにありますか」

教科書 p.84 の 4〜6 行目参照。His post office is in a village which is on the Arctic Circle. とある。

❷「サンタクロースは世界中の子どもたちから、たくさんの手紙を受け取りますか」

教科書 p.84 の 6〜7 行目参照。Thousands of letters are sent to Santa from children all over the world. とある。

TALK! 話してみよう

❶「はい、あります／いいえ、ありません」

マイクの質問は「あなたは、サンタクロースがフィンランドに住んでいるということを聞いたことがありますか」。Yes または No で答える問題。いずれにしても heard of that before「以前にそれを聞いたことが」につながるように、現在完了形を使って答える。

❷「私は、彼は 親切だ／寛大だ／働き者だ／思いやりがある／本物ではない と思います」

マイクの質問は「あなたは、サンタクロースのことをどう思いますか」。〈I think (that) 〜.〉の構文を使って答える。he's のあとに、自分にとってのサンタクロースの様子を表す形容詞を入れる。

SAY IT!

サイレント文字に注意しよう。
英単語には、つづりとして書かれていても発音しない文字がある。これをサイレント文字［黙字］という。次の単語を、サイレント文字に注意して読もう。

gnome [nóum ノウム]「地の精」　　hour [áuər アウア]「1時間、時刻」
knife [náif ナイフ]「ナイフ」　　write [ráit ライト]「〜を書く」
island [áilənd アイランド]「島」　　night [náit ナイト]「夜」
climb [kláim クライム]「登る」

「～するもの」とものについて説明する言い方 ― もの＋which

〈関係代名詞which（主格）〉

▶ 「～するもの」と、人以外のもの、動物、ことがらについて説明する言い方

「私はロボットがほしいです」　（どんな？）　「それは部屋の掃除をします」

I want a robot .　　　　　　　　　It cleans rooms.

Itを主語の役割をする関係代名詞に置きかえる。

先行詞が「もの」なので関係代名詞はwhichを用いる。

主語の働きをする関係代名詞の場合、直後に動詞が続く。

I want a robot **which** cleans rooms.

先行詞　　　　　　〈関係代名詞＋動詞～〉が後ろから先行詞を修飾

（私は**部屋の掃除をするロボット**がほしいです）

＊関係代名詞whichの代わりに、関係代名詞thatを用いることもできる。

DRILL

❶● 〈先行詞＋関係代名詞＋動詞～〉の語順になる。先行詞はa house。

❷● 先行詞はThe dictionary。「赤いカバーを持った辞書」と考える。関係代名詞主格を使った文。

❸● 関係代名詞主格を使った文。先行詞はthe bus。

テキストを読んでみよう③　　　　　　　　　　　　　　教科書p.86

The editor of *The Sun* wrote his answer / in the newspaper: /

Yes, / Virginia, / there is a Santa Claus. ↘// You can't say /

that something you can't see does not exist.↘// Santa Claus
イグ**ズィ**スト

exists like love and devotion, / although you can't see them. ↘//
ディ**ヴォ**ウション　オール**ゾ**ウ

In one thousand / or even ten thousand years, / he will continue
コン**ティ**ニュー

to make the hearts of children happy. ↘//
ハート

What is your answer to Virginia's question? ↘//

語句・文の研究

The editor of *The Sun* wrote his answer in the newspaper:
「『ザ・サン』の編集者は彼の答えを新聞に書きました：」

- his answer「彼の答え」とは、少女バージニアが新聞社に送った質問に対する答えのこと（教科書p.82参照）。
- :（コロン）　コロンのあとに his answer の具体的な内容が書かれている。
- The editor　バージニアの質問に答えたのは、当時『ザ・サン』の論説委員だったフランシス・P・チャーチである。彼の答えはのちに「世界一有名な社説」と呼ばれるようになった。バージニアとフランシス・P・チャーチとのやりとりは絵本化もしている。

Yes, Virginia, there is a Santa Claus.
「そうです、バージニア、サンタクロースはいます」

- 教科書p.82の9〜10行目参照。is there a Santa Claus? に対する答え。

You can't say that something you can't see does not exist. 📖
「あなたに見えない何かが存在しないと言うことはできません」

exist [igzist イグ**ズィ**スト] 働「存在する、実在する」

- 〈You can't say that＋主語＋動詞〜.〉の構文。「〜と言うことができません」Youはここでは「一般的な人」をさす。
- something you can't see「あなたに見えない何か」　something を you can't see が後ろから説明している。〈主語＋動詞〜〉が直前の名詞を修飾する形（教科書p.87　STUDY IT! 参照）。

先行詞　　　　主語＋動詞
something you can't see

Santa Claus exists like love and devotion, although you can't see them.
「サンタクロースは愛や献身と同じように存在します、それらを見ることはできないけれども」

like love and devotion 「愛や献身と同じように」
devotion [dɪvóuʃən ディ**ヴォ**ウション] 图「献身、深い愛情」
although [ɔːlðóu オール**ゾ**ウ] 接「〜だけれども、たとえ〜でも」
- ● them は直前の love and devotion を指す。
- ●「サンタクロースを見ることはできないけれども存在する」と言っている。

In one thousand or even ten thousand years, he will continue to make the hearts of children happy.
「千年あるいは一万年経っても、彼は子どもたちの心を幸せにし続けるでしょう」

in one thousand or even ten thousand years 「千年あるいは一万年経っても」
continue to 〜 「〜し続ける」
continue [kəntínju: コン**ティ**ニュー] 動「続く、〜を続ける」
make 〜 ... 「〜を…にする」
heart [háːrt **ハ**ート] 图「心、心臓」
- ● in 〜 years「〜年後に」「〜年以内に」ではないので注意。
- ● ten thousand → ten thousands としないように注意。
- ● he は Santa Claus を指す。
- ●〈continue to +動詞の原形〉の形になる。
- ●〈make +人など+状態を表す形容詞〉は「（人など）を〜の状態にする」という意味。

What is your answer to Virginia's question?
「バージニアの質問に対するあなたの答えは何ですか？」

- ● answer to 〜 「〜に対する答え」

和訳

『ザ・サン』の編集者は彼の答えを新聞に書きました：
　そうです、バージニア、サンタクロースはいます。あなたに見えない何かが存在しないと言うことはできません。サンタクロースは愛や献身と同じように存在します、それらを見ることはできないけれども。千年あるいは一万年経っても、彼は子どもたちの心を幸せにし続けるでしょう。
　バージニアの質問に対するあなたの答えは何ですか？

CHECK!　確認しよう

❶「その編集者は『サンタクロースはいません』と書きましたか」

教科書p.86の3行目参照。there is a Santa Claus とある。

❷「**編集者によれば、サンタクロースは何をするでしょうか**」

教科書p.86の8〜9行目参照。he will continue to make the hearts of children happy とある。

TALK! 話してみよう

❶「**ええ、もちろん／なんとも言えません**」

マイクの質問は「あなたは目に見えないものの存在を信じますか」。YesまたはNoで答える。I can't say for sure. は「よくわかりません」「はっきりしたことは言えません」という意味の決まり文句。

❷❸「**例えば、私は❸ 愛／友情／献身／天国 が存在することを❷（確信しています／確信が持てません）**」。

マイクの質問は「（❶の答えに対して）本当に？」。❸の □ に、目に見えないものの例えとして愛、友情などの言葉を入れる。それの存在を確信している場合は❷でsureを、確信できない場合はnot sureを選ぶ。

STUDY IT! ことばのしくみを学ぼう

「〜する人、もの」と言うときwho, whichを用いない言い方 ─
〈関係代名詞の目的格、省略〉

関係代名詞には、目的語の役割をするもの（関係代名詞の目的格）がある。

▶「**〜する人**」と人について説明する言い方

「私には弟がいます」　（どんな弟？）　「あなたのイヌは彼を好きです」

I have a brother.　　　Your dog likes him.

himを目的語の役割をする関係代名詞に置きかえる。
先行詞が「人」なので関係代名詞はwhoを用いる。
関係代名詞が目的語の働きをする場合、直後に〈主語＋動詞〉が続く。この部分に目的語は入らない。

I have a brother **who** your dog likes.

先行詞　〈関係代名詞＋主語＋動詞〜〉が後ろから先行詞を修飾

（**私にはあなたのイヌが（彼を）好きな弟がいます**）

＊関係代名詞whoの代わりに、関係代名詞thatを用いることもできる。

▶ 「～するもの」と人以外のものについて説明する言い方

「これは辞書です」　（どんな辞書？）　「私はそれをよく使います」

This is a dictionary .　　　 I often use it .

it を目的語の役割をする関係代名詞に置きかえる。

先行詞が「もの」なので関係代名詞は which を用いる。

This is a dictionary **which** I often use.

先行詞　　　　　　　　〈関係代名詞＋主語＋動詞～〉が後ろから先行詞を修飾

（これは**私がよく使う辞書**です）

＊関係代名詞 which の代わりに、関係代名詞 that を用いることもできる。

▶関係代名詞を使わずに先行詞を修飾する〈主語＋動詞～〉

節［〈主語＋動詞～〉のある語句］が関係代名詞を使わずに直前の名詞［先行詞］を修飾する形がある。

「サッカーはスポーツです」　（どんな？）　「私はそれが大好きです」

Soccer is a sport .　　　 I like it very much.

先行詞を修飾する節が先行詞の直後にくる。

it は a sport を指す。先行詞の直後にくる節の目的語は不要。

Soccer is a sport **I like** 　　 very much.

先行詞　　　　　〈主語＋動詞～〉が後ろから修飾

（サッカーは**私が大好きなスポーツ**です）

＊この形は、先行詞が人や人以外のものすべての場合に使うことができる。

▶関係代名詞の省略

関係代名詞目的格は省略することができる。

The car (**which**[**that**]) my father bought last month was expensive.

先行詞　　　　　　　　（関係代名詞＋）主語＋動詞 ～

（先月父が買った車は高価でした）

＊関係代名詞主格は省略することができない。

○ I have an aunt **who**[**that**] lives in the U.S.

（私にはアメリカ合衆国に住むおばがいます）

× I have an aunt 　　 lives in the U.S.

DRILL

❶ ● the picture book「絵本」を〈関係代名詞＋主語＋動詞〜〉が後ろから修飾する文。

❷ ● The woman「女性」を〈関係代名詞＋主語＋動詞〜〉が後ろから修飾する文。

❸ ● the photos「写真」を〈主語＋動詞〜〉が後ろから修飾する文。

SUM UP! 要約しよう

● 「アメリカ人の少女、バージニアが、(❶) に質問しました、『サンタクロースっているのですか？』」 教科書p.82の2〜3行目に She sent a question to *The Sun*, an American newspaper とある。She は1行目の Virginia を指す。

● 「(❷) の国営放送局が、サンタクロースはその国の北部に住んでいると言います」 教科書p.84の2〜4行目に They said that Santa Claus lives with his gnomes in Lapland in the north of the country. とある。They は the national broadcasting station in Finland を指す。

● 「彼とノームは毎日世界中の子どもたちに (❸) を書きます」 教科書p.84の7〜8行目に He and the gnomes are busy writing replies every day. とある。

● 「その新聞編集者からの返事は、『目に見えないけれど、サンタクロースは永遠に子どもたちの心を (❹) にするでしょう』でした」 教科書p.86の8〜9行目に he will continue to make the hearts of children happy とある。

語句 | フィンランド　　幸せな　　返事　　新聞 (社)

PRACTICE! 練習しよう

1．関係代名詞を使ってクイズを作り、ペアで対話する問題

例　A: She is the girl who has long hair.
　　　She is the girl who isn't wearing glasses.
　　B: You're talking about Sofia!
　　A: You're right! [You're wrong.]

● 1行目のAの the girl who has long hair は「長い髪の少女」という意味。the girl が先行詞［修飾される名詞］で、who は関係代名詞主格である。who が主語の働きをするので、直後に動詞がくる。主語 the girl が3人称単数なので、動詞は3人称単数現在形になる。

● 2行目のAの the girl who isn't wearing glasses は「めがねをかけていない少女」という意味。1行目の the girl と2行目の the girl は同一人物。

- Aの2つの文にならい、☐☐☐から1人選んで、その人物の特徴を〈先行詞 + who + 動詞~〉の形で説明してみよう。答えるときはBにならい、〈You're talking about + 人物名.〉で表現しよう。

🈁 A：彼女は<u>長い髪の</u>女の子です。
　　彼女は<u>めがねをかけていない</u>女の子です。
　B：あなたは<u>ソフィア</u>のことを言っていますね。
　A：その通り！［間違いです。］

2．関係代名詞を使って、自分がほしいものを表現する問題

例 Dear Santa Claus,
　　I have been good all year. I would like <u>a bicycle which has big wheels</u>. Could you please give one to me on Christmas Day?

- have been good「ずっとよい子だった」　継続を表す現在完了形。クリスマスプレゼントを希望するにあたり、自分なりに努力したことを説明している。

- all year「一年中」

- I would like ~.「~をいただきたいのですが」　I want ~. よりもていねいな表現。

- a bicycle which has big wheels「大きな車輪のついた自転車」
whichは関係代名詞主格。先行詞 a bicycle を〈関係代名詞 + 動詞~〉が後ろから修飾する文。

- Could you please ~?「~してくださいませんか」Can you ~? よりもていねいな表現。

- give one to me「1つを私にください」〈give + もの + to + 人〉の語順。one は1台の自転車のこと。

- on Christmas Day「クリスマスの日に」
例にならい、
第2文に自分の欲しいものを〈名詞 + 関係代名詞 which + 動詞~〉を使って書いてみよう。

🈁　サンタクロース様、
私は1年中ずっとよい子にしていました。私は<u>大きな車輪のついた自転車</u>をほしいと思います。クリスマスの日に1つを私にくださいませんか？

3. 空港での案内放送を聞き取るリスニング問題

スクリプト

Good afternoon, everyone. This is the pre-boarding announcement for ABC Airlines Flight 116 to Honolulu. We are now inviting passengers who need special assistance to board. Please have your boarding pass and passport ready. General boarding will begin in about ten minutes. Thank you for waiting.

Question: Which passengers are boarding the plane now?

聞き取りのポイント

「アナウンスがされた時点で飛行機に搭乗できるのは誰か」という質問なので、「人」について説明する文を聞き取ることが大切である。第3文のWe are now inviting passengers who need special assistance to board.がポイント。現時点で搭乗できるのはpassengers who need special assistance to boardである。

- pre-boarding「事前搭乗」 その航空会社の上級登録会員か、高額チケットを購入した人を優先的に搭乗させるサービスである「優先搭乗」と、子連れや搭乗に介助の必要な人などが利用できる「事前改札サービス」がある。
- Flight 116「（航空機の）116便」
- passengers who need special assistance to board「（病気、けが、障害などで）搭乗にお手伝いの必要なお客様」 passengers「旅客」が先行詞で、関係代名詞who以下が修飾している。
- have ~ ready「~を準備しておく、すぐに使えるようにしておく」
- in ~ minutes「~分後に」
- Thank you for waiting.「お待たせいたしました」「お待たせして申し訳ありません」

スクリプト訳

　ご案内申し上げます。ABC航空ホノルル行き116便の事前搭乗のご案内です。ただ今、ご搭乗の際にお手伝いが必要なお客様をご案内させていただいております。搭乗券とパスポートをご用意くださいませ。一般のお客様のご搭乗は、10分ほど後になります。お待たせして申し訳ありません。
質問：今、どの旅客が搭乗していますか。

☆**northern** [nɔ́ːrðərn ノーザン] 形「北の、北部の」

☆**forever** [fərévər フォレヴァ] 副「永久に、永遠に」

☆**Sofia** [sóufiə ソウフィア] 名「ソフィア (人名)」

☆ **Alice** [ǽlis アリス] 名「アリス (人名)」

☆**John** [dʒán ヂャン] 名「ジョン (人名)」

☆**Kate** [kéit ケイト] 名「ケイト (人名)」

☆**Bob** [báb バブ] 名「ボブ (人名)」

☆**Christmas** [krísməs クリスマス] 名「クリスマス」

IIIIIIIIIIIIII CHALLENGE YOURSELF! IIIIIIIIIIIIII

1. ポスターの内容を確認しよう。

Get in Free!

Join us for our Christmas Party on December 23

Time: 6 to 8 p.m.

Place: City Hall (10 minutes from Minami Station)

Organized by Fuji International Society

- 開催内容：ポスターで最も重要な情報である。ふつう大きな字や目を引く色字で、目立つように書かれている。

- 開催日時：これもポスターに不可欠な情報である。When または Date、Time などの見出しで日付、曜日、開催時間などが書かれている。日時と時刻が別に書かれていることもある。

- 場所：Place または Where として書かれていることが多い。

- 入場料：有料の場合は Price などの見出しで書かれる。無料の場合は free という単語が使われていることが多い。

- 主催者：タイトルや本文に含まれているか、あまり目立たない場所に書かれている。組織名が書かれているのでわかりやすい。

- 語句　get in「入る、参加する」　free「自由に、無料で」　p.m.「午後」 city hall「市庁舎」　organized「組織された」　international「国際的な」 society「社会、協会」

訳

自由にご参加ください！
12月23日の私たちのクリスマスパーティーにご参加ください。

時間：午後6時～8時
場所：市役所
　　　（南駅から10分）
主催：富士国際協会

2. 空所に適語を書いて、メール文を完成させよう。

Fuji International Society will have a Christmas party on
(　　　　　　　　).
● onのあとにクリスマスパーティーが開催される日付を入れる。

❶ _____.
● 一緒にクリスマスパーティーに行こうと相手を誘う内容の文を入れる。

The event hall is near (　　　　　　　　) and it starts at
(　　　　　　　).
● nearのあとにパーティーが開催される場所の近くの駅名を入れる。
　atのあとにパーティーの開始時刻を入れる。

❷ _____.
● 相手が来られる場合の待ち合わせ場所と時刻を知らせる文を入れる。

和訳

こんにちは、エマ
よい知らせがあるよ！　富士国際協会が（　　　　）にクリスマスパーティーを
開くよ。私は友だちと行く計画を立てているよ。
❶_____　イベント会場は（　　　　）の近くで、
（　　　　）に始まるよ。❷_____
じゃあね

_____

a. もしあなたが来られるなら、5時45分に駅で会おう。
b. あなたは参加できますか？

語句

☆organize [ɔ́ːrɡənàiz オーガナイズ] 動「～を組織する、主催する」
☆society [səsáiəti ソサイアティ] 名「社会、協会、会」
☆event [ivént イヴェント] 名「出来事、イベント」

LESSON 9

Kids' Guernica

キッズ ゲルニーカ　　　　　　　　第9課　キッズゲルニカ

1937年に起きたある悲劇は、『ゲルニカ』という絵画を生みました。それから58年後に発足した「キッズゲルニカ　プロジェクト」。そこに共通する願いとは？

テキストを読んでみよう①　　　　　　　　　　　教科書p.92

At the end of April in 1937, / Pablo Picasso heard shocking news. ↘//
　　　　　　　　　　　　　　パーブロウ　ピカーソウ　　　　　　シャキング

Guernica, / a small town in Spain, / was bombed by the Nazis. ↘//
ゲルニーカ　　　　　　　　　　　　　　スペイン　　　　バムド　　　　ナーツィズ

Many people living in the town were killed. ↘// Picasso decided to
　　　　　　　　　　　　　　　　　　　　キルド

paint about the terrible event / for an international exhibition which
　　　　　　　テリブル　　　　　　　　　　　　　　　エクスイビション

was held in Paris. ↘// He worked quickly / to show his anger. ↘// He
　　　　　パリス　　　　　　　　　　　　　　　　　　　アンガ

took only a month / to finish his huge painting, / *Guernica*. ↘//
　　　　　　　　　　　　　　ヒューヂ

語句・文の研究

| **At the end of April in 1937, Pablo Picasso heard shocking news.**
「1937年の4月の終わりに、パブロ・ピカソは衝撃的なニュースを聞きました」

at the end of ～「～の終わりに」

1937 = nineteen thirty-seven

Pablo Picasso「パブロ・ピカソ」（スペインの画家、彫刻家（1881〜1973））

Pablo Picasso [páːblou pikáːsou パーブロウ ピカーソウ] 图「パブロ・ピカソ（人名）」

shocking [ʃákiŋ シャキング] 形「衝撃的な」

● 1937年のスペインは、人民戦線政府と反乱軍の内戦状態（1936年7月〜1939年3月）であった。この内戦にドイツ・イタリアなどの近隣諸国が参戦し、国際戦争の色が濃くなっていた。

● パブロ・ピカソはスペインに生まれ、主にフランスで制作活動をした。作風がめまぐるしく変化したことで有名で、青色を主に用いた陰鬱な作品が多い「青の時代」、オレンジやピンクなどの明るい色調の作品が多い「ばら色の時代」など、作風ごとに「＊＊の時代」と呼ばれる期間がある。

Guernica, a small town in Spain, was bombed by the Nazis.
「スペインにある小さな町、ゲルニカがナチスによって爆撃されました」

Guernica「ゲルニカ」（スペイン北部の町）
Guernica [ɡeərniːkə ゲルニーカ] 图「ゲルニカ」
Spain「スペイン」（ヨーロッパ南西端の王国）
Spain [spéin スペイン] 图「スペイン」
bomb [bám バム] 動「〜を爆撃する」
the Nazis「ナチス」（1919年ヒトラーが作った国家社会主義ドイツ労働者党）
Nazi [náːtsi ナーツィ] 图「〔the Nazis〕ナチス」

- 直前のshocking newsの具体的な内容を示す1文。反乱軍を支持するドイツによる空爆を指す。
- a small town in SpainはGuernicaを説明するために挿入されている。
- 〜 was bombed by ...　〈be動詞＋過去分詞＋by ...〉の過去の受け身の文。「…によって〜された」という意味を表す。
- NazisはNaziの複数形。日本では「ナチ」「ナチス」は、ほぼ同じ意味で用いられている。

Many people living in the town were killed. 📖
「その町に住んでいる多くの人々が殺されました」

kill [kíl キル] 動「〜を殺す」

- living in the town は〈現在分詞＋場所を表す語句〉で、「その町に住んでいる」という意味。many peopleを修飾している（教科書p.93 STUDY IT!参照）。the townはGuernicaを指す。

many people living in the town

- 〈主語＋be動詞の過去形＋過去分詞〉の受け身の文。
- ゲルニカ空爆は無差別攻撃であったため、多くの市民が犠牲になった。

Picasso decided to paint about the terrible event for an international exhibition which was held in Paris.
「ピカソはパリで開かれる国際的な博覧会のためにその恐ろしい出来事について描くことを決めました」

terrible [térəbl テリブル] 形「猛烈な、ひどい、恐ろしい」
exhibition [èksəbíʃən エクスィビション] 图「展覧会、博覧会」
Paris「パリ」（フランスの首都）

Paris [pǽrəs パリス] 图「パリ」

● decide to ～「～することを決める」
● the terrible event は、ナチスによるゲルニカ空爆を指す。
● which は関係代名詞主格。which 以下が an international exhibition を修飾している。which 以下は〈be 動詞＋過去分詞〉の受け身の形。held は hold の過去・過去分詞形。

先行詞　　　　関係代名詞＋動詞（＝be 動詞＋過去分詞）＋場所を表す語句

an international exhibition which was held in Paris

● 当時、ピカソはパリ万博で展示する作品をすでに依頼されていた。ゲルニカ空爆を知り、それをテーマに作品を描いたとされる。

He worked quickly to show his anger.
「彼は彼の怒りを示すためにすばやく取り組みました」

anger [ǽŋgər アンガ] 图「怒り」
● to show は目的を表す不定詞。「～を示すために」
● anger は angry「怒った」の名詞形。

He took only a month to finish his huge painting, *Guernica*.
「彼は彼の巨大な絵『ゲルニカ』を完成させるのにたった1か月だけしかかけませんでした」

take ～ to ...「…するのに～（時間）をかける」
huge [hjúːdʒ ヒューヂ] 形「巨大な」
Guernica『ゲルニカ』（作品名）
●『ゲルニカ』はモノトーン（白・黒・灰色）の作品で、倒壊した建物（の一部）や犠牲となった人たちが描かれている。長引く内戦で町の男性は出兵しており、町に残っているのは主に女性と子どもだった。そのため『ゲルニカ』には女性が多く描かれていると言われる。牛は暴力の象徴、馬は一般の人民やヒューマニズムを表しているという解釈もある。『ゲルニカ』は戦後、「平和と反戦メッセージを持つ絵画」として脚光を浴びる。

和訳

　1937年の4月の終わりに、パブロ・ピカソは衝撃的なニュースを聞きました。スペインにある小さな町、ゲルニカがナチスによって爆撃されました。その町に住んでいる多くの人々が殺されました。ピカソはパリで開かれる国際的

な博覧会のためにその恐ろしい出来事について描くことを決めました。彼は彼の怒りを示すためにすばやく取り組みました。彼は彼の巨大な絵『ゲルニカ』を完成させるのにたった1か月だけしかかけませんでした。

CHECK! 確認しよう

❶「ゲルニカはフランスの小さな町ですか」

教科書p.92の2〜3行目参照。Guernica, a small town in Spain, とある。

❷「ピカソは、自分の作品である『ゲルニカ』を仕上げるのにどれくらい時間をかけましたか」

教科書p.92の7〜9行目参照。He took only a month to finish his huge painting, *Guernica.* とある。

TALK! 話してみよう

❶「はい、私は彼の絵画が好きです/いいえ、でも彼の名前を聞いたことがあります」

エマの質問は「あなたはパブロ・ピカソを知っていますか」。Yes または No で答える問題。別解として Yes, I know about him well. 「ええ、よく知っています」、No, I don't know about him at all. 「いいえ、全く知りません」などがある。

❷「私はそれを見ると、 戦争/動物/爆弾/世界 のことを思います」

エマの質問は「あなたは『ゲルニカ』をどう思いますか」。❷ ☐ の語句を参考にして、『ゲルニカ』を見たときの印象や感想を表す名詞を空所に入れる。

STUDY IT! ことばのしくみを学ぼう

「〜している (名詞)」を表す言い方 — 名詞＋現在分詞 〈名詞を修飾する現在分詞〉

▶現在分詞と動名詞の違い

現在分詞は動詞の -ing 形で、「〜している (ところの)」「〜している状態の」という意味を持つ。現在[過去]進行形の文に使われる動詞の -ing 形は現在分詞である。「〜すること」を意味し、名詞の働きをする動名詞とは別の語である。

I am **studying** English. (私は英語を**勉強しているところ**です)

現在分詞 〈現在進行形〉

Studying English is fun. (英語を**勉強すること**は楽しいです)

動名詞 〈主語になる動名詞〉

▶ 名詞を修飾する現在分詞

現在分詞には名詞を修飾する働きもある。「〜している (名詞)」「〜する (名詞)」という意味を表す。

● 現在分詞が単独で名詞を修飾する場合、〈現在分詞 + 名詞〉の語順になる。

現在分詞　名詞

Look at that **sleeping** cat. (**眠っている**あのネコを見てごらん)

● 現在分詞が他の語句を伴って名詞を修飾する場合、〈名詞 + 現在分詞 + 語句〉の語順になる。

名詞　　　現在分詞 + 場所を表す語句

Look at that cat **sleeping** on the bench.

(ベンチの上で**眠っている**あのネコを見てごらん)

DRILL

❶ 「そこに立っている男性はジムです」
　● 「〜している…」は現在分詞 (-ing 形) で表す。
❷ 「木の周りを走っているイヌは私のものです」
　● 〈名詞 + 現在分詞 + 語句〉の文。
❸ 「にっこり笑っている男性は私の父です」
　● 現在分詞が単独で名詞を修飾する。

テキストを読んでみよう②　　　　　　　　　　　教科書 p.94

Over 50 years later, / in 1995, / a Japanese NPO started "Kids'
エンピーオウ
Guernica."↘// It is an international children's art project.↘// Any
プラヂェクト
children who are interested can join. ↘ // Each group creates a
painting about world peace.↘// They paint on a canvas which is the
キャンヴァス
size of Picasso's *Guernica.*↘//
サイズ

The pictures painted by children from different communities /
コミューニティズ
are uploaded online.↘//
アプロウディド アンライン

Over 50 years later, in 1995, a Japanese NPO started "Kids' Guernica."

「50年以上あとの1995年に、日本のNPO［非営利組織］が「キッズゲルニカ」を始めました」

1995 = nineteen ninety-five

NPO = nonprofit organization「非営利組織」

NPO [énpi:óu エンピーオウ] 图「非営利組織」

Kids' Guernica「キッズゲルニカ」（プロジェクトの名前）

● Over 50 years later　ピカソが『ゲルニカ』を制作した1937年から50年以上あとを指す。

● キッズゲルニカは、ピカソの『ゲルニカ』と同じ大きさのキャンバス（3.5m×7.8m）に子どもたちが平和の絵を描くという国際的なアートプロジェクト。

● 「非営利団体」とは、「利益を分配しない団体」のこと。NPOの活動により利益が出た場合、それを職員や支援者で分配することはできない。事業費として利用する。利益を出すこと自体は問題ではない。また、職員は無償で活動しているとは限らず、労働の対価を得ることは禁じられていない。

It is an international children's art project.

「それは国際的な子どもたちのアートプロジェクトです」

project [prádʒekt プラヂェクト] 图「計画、企画」

● Kids' Guernica公式サイトによれば、2009年8月までに45か国で210点以上の絵が制作されている。絵画に限らず、版画やパッチワークの作品もあるとされる。

Any children who are interested can join.

「興味があるどんな子どもたちでも参加することができます」

● 肯定文のanyは「どんな〜でも」という意味。

● whoは関係代名詞主格。who are interestedがAny childrenを修飾している。Any children who are interestedが文の主語。

```
┌──────── 主語 ────────┐  ┌─ 動詞 ─┐
Any children who are interested   can join.
先行詞 └──────┘ 関係代名詞＋動詞〜
```

Each group creates a painting about world peace.
「それぞれのグループが世界平和に関する絵を創作します」

- eachは「それぞれの、おのおのの」という意味の形容詞。あとに可算名詞の単数形が続く。

They paint on a canvas which is the size of Picasso's *Guernica*.
「彼らはピカソの『ゲルニカ』の大きさのキャンバスの上に描きます」

canvas [kǽnvəs **キャンヴァス**] 图「キャンバス地、（油絵を描く）カンバス」
be the size of ～「～の大きさである」
size [sáiz **サイズ**] 图「大きさ」

- Theyはキッズゲルニカに参加したグループのメンバーを指す。
- whichは関係代名詞主格。which is the size of Picasso's *Guernica*が a canvasを修飾している。on a canvas which is the size of Picasso's *Guernica*は場所を表す修飾語句。

a canvas which is the size of Picasso's *Guernica*
先行詞 └──────┘ 関係代名詞＋動詞～

The pictures painted by children from different communities are uploaded online.
「いろいろなコミュニティーの子どもたちによって描かれた絵がインターネット上に掲載されています」

community [kəmjúːnəti **コミューニティ**] 图「（地域）社会、（生活）共同体、集団」
be uploaded online「インターネット上に掲載されている」
upload [ʌ́plòud **アプロウド**] 動「（データなど）をアップロードする」
online [ʌ́nláin **アンライン**] 副「オンラインで、インターネットで」

- The pictures are uploaded online「絵がインターネット上に掲載されています」という受け身の文。painted by children from different communitiesはThe picturesを修飾する語句。〈過去分詞＋語句〉が名詞を後ろから修飾している。

主語
The pictures painted by children from different communities
─── 過去分詞＋語句 ───

動詞（＝be動詞＋過去分詞）
are uploaded online.

　50年以上あとの1995年に、日本のNPO［非営利組織］が「キッズゲルニカ」を始めました。それは国際的な子どもたちのアートプロジェクトです。興味があるどんな子どもたちでも参加することができます。それぞれのグループが世界平和に関する絵を創作します。彼らはピカソの『ゲルニカ』の大きさのキャンバスの上に描きます。

　いろいろなコミュニティーの子どもたちによって描かれた絵がインターネット上に掲載されています。

CHECK! 確認しよう

❶ 「興味を持つ子どもは誰でも「キッズゲルニカ」に参加することができますか」
　教科書p.94の3〜4行目参照。Any children who are interested can join. とある。interestedのあとにin "Kids' Guernica"を補うとわかりやすい文になる。

❷ 「そのアートプロジェクトでは、各グループは何を作り出していますか」
　教科書 p.94の4〜5行目参照。Each group creates a painting about world peace. とある。

TALK! 話してみよう

❶ 「はい、そうだと思います／いいえ、でもがんばっています」
　エマの質問は「あなたは絵を描くことが得意ですか」。YesまたはNoで答える問題。自分で得意だと思えば、遠慮なしにYesと答える。

❷ 「私は、 地球／虹／白い鳩／多くの国旗 を描きたいと思います」
　エマの質問は「あなたは、世界平和についての絵に何を描きたいですか」。I'd paintのあとに描きたい素材を入れて言う。

SAY IT!

[s]、[z]、[ɔz]の発音の違いに注意しよう。
[s]

shapes「形」　　　　groups「グループ、集団」　　　thanks「感謝する」
シェイプス　　　　　グループス　　　　　　　　　　サンクス

socks「靴下」　　　hearts「心」
サークス　　　　　　ハーツ

[z]

years「年」 pictures「絵、写真」 communities「(地域) 社会」
イヤズ ピクチャズ コミューニティズ

countries「国」 paintings「絵画」
カントリズ ペインティングズ

[əz]

places「場所」 experiences「経験」 villages「村」
プレイスィズ イクスピアリエンスィズ ビリジズ

beaches「浜辺、ビーチ」 dishes「皿、料理」
ビーチズ ディシズ

STUDY IT! ことばのしくみを学ぼう

「〜された (名詞)」を表す言い方 ― 名詞＋過去分詞〈名詞を修飾する過去分詞〉

▼過去分詞とは

　過去分詞とは「過去の動作による結果やその状態」を表す。「〜された」
という受け身の意味と、「〜し終えた」という完了の意味を持つ。受け身
形や現在完了形で使われる。

▼名詞を修飾する過去分詞

　過去分詞には名詞を修飾する働きもある。「〜されている (名詞)」「〜さ
れた (名詞)」という意味を表す。

● 過去分詞が単独で名詞を修飾する場合、〈過去分詞 + 名詞〉の語順になる。

過去分詞 名詞

My father bought a **used** car. （父は中古車を買いました）

● 過去分詞が他の語句を伴って名詞を修飾する場合、〈名詞 + 過去分詞 +
語句〉の語順になる。

名詞 過去分詞+場所を表す語句

That car **used** by my father looks new.

（父に使われているあの車は新しく見えます）

DRILL

❶ 「あなたのおじさんによって建てられた家はとても大きいです」

● 〈過去分詞 + 語句〉が名詞を修飾する文。build – built – built と変化する。

❷「この割れたカップを使ってはいけません」
- ● 過去分詞が単独で名詞を修飾する文。break – broke – broken と変化する。

❸「父はイタリア製のかばんを買いました」
- ● 〈過去分詞＋語句〉が名詞を修飾する文。make – made – made と変化する。

Both Picasso's *Guernica* and the children's paintings / show us

the importance of peace. ↘// In "Kids' Guernica," / children in over
インポータンス

50 countries have worked together / to create colorful paintings /
カラフル

and share a wish for peace. ↘// As they work, / they learn to respect
リスペクト

others who have different backgrounds in this world. ↘//
バックグラウンド

Peace can exist in places where people respect each other

regardless of race, ↗/ religion ↗/ and culture. ↘//
リガードレス　　レイス　　リリヂョン

語句・文の研究

Both Picasso's *Guernica* and the children's paintings show us the importance of peace.
「ピカソの『ゲルニカ』も子どもたちの絵も両方とも私たちに平和の大切さを示しています」

　　both ～ and ... 「～も…も両方とも」
　　importance [impɔ́:rtəns インポータンス] 图「重要性、大切さ」
　　● importance の形容詞形は important「重要な、大切な」

In "Kids' Guernica," children in over 50 countries have worked together to create colorful paintings and share a wish for peace.
「「キッズゲルニカ」では、50か国以上の子どもたちがカラフルな絵を創作して平和への願いを共有するためにいっしょに取り組んでいます」

work together「いっしょに取り組む、協力する」
colorful [kʌ́lərfəl カラフル] 形「色彩に富んだ、カラフルな」
● colorful は color「色」の形容詞形。
● wish for ～「～への願い」

As they work, they learn to respect others who have different backgrounds in this world.
「彼らが取り組むにつれて、彼らはこの世界で生い立ちの異なるほかの人々を尊重するようになります」

as ～「～するにつれて」
learn to ～「～するようになる」
respect [rispékt リスペクト] 動「～を尊敬する、尊重する」
background [bǽkgràund バクグラウンド] 名「経歴、素性、生い立ち」
● others who have different backgrounds「生い立ちの異なる他の人たち」
  others を who have different backgrounds が後ろから説明している。
  who は関係代名詞主格で、直後に動詞が続いている。

先行詞　　　　　　　関係代名詞主格＋動詞～
others who have different backgrounds

Peace can exist in places where people respect each other regardless of race, religion and culture.
「平和は人々が人種や宗教や文化にかかわらずお互いを尊重しあう場所に存在することができます」

regardless of ～「～にかかわらず」
regardless [rigáːrdləs リガードレス] 形「注意しない、かまわない」
race [réis レイス] 名「人種」
religion [rilídʒən リリヂョン] 名「宗教」
●「～に存在する」は exist in ～で表す。
● where は疑問詞ではなく、直前に置かれた場所を表す名詞を説明するための関係副詞である（教科書 p.97　STUDY IT! 参照）。この文では places が修飾される名詞［先行詞］で、places がどのような場所であるかを where people respect each other regardless of race, religion and culture が後ろから説明している。

先行詞　　　　　　　　関係副詞＋〈主語＋動詞〜〉

<u>places</u> <u>where people respect each other regardless of race,</u>
「人々が人種や宗教や文化にかかわらずお互いを尊重しあう場所」

<u>religion and culture</u>

● 主語　　動詞　　目的語　　　　　　動詞を修飾する語句

<u>people</u> <u>respect</u> <u>each other</u> <u>regardless of race, religion and culture</u>

each other は「お互い」を意味する代名詞。

和訳

　ピカソの『ゲルニカ』も子どもたちの絵も両方とも私たちに平和の大切さ
を示しています。「キッズゲルニカ」では、50か国以上の子どもたちがカラフ
ルな絵を創作して平和への願いを共有するためにいっしょに取り組んでいま
す。彼らが取り組むにつれて、彼らはこの世界で生い立ちの異なるほかの人々
を尊重するようになります。
　平和は人々が人種や宗教や文化にかかわらずお互いを尊重しあう場所に存
在することができます。

CHECK! 確認しよう

❶「「キッズゲルニカ」の子どもたちは絵を描くのに黒色と白色しか使いませんか」
　教科書 p.96の4〜5行目参照。create colorful paintings とある。

❷「「キッズゲルニカ」の取り組みの中で、子どもたちは何をするようになりますか」
　教科書 p.96 の 6 〜 7 行目参照。they learn to respect others who have
different backgrounds in this world とある。they は3行目の children を指す。

TALK! 話してみよう

❶「はい、あります。それを本当に楽しみました／いいえ、ありません。でも素
晴らしいようですね」
　エマの質問は「あなたは今までに「キッズゲルニカ」のような、子どもが活
動する企画に参加したことがありますか」。経験をたずねる現在完了の疑問文。
have を使ってYes またはNoで答える。経験のある場合は 1 文程度で活動内
容や感想を加えてみよう。経験のない人は、そのような企画に対する思いや
感想を簡潔に述べる。

❷「私は、彼らは❷ 協力すること／他の人を尊敬すること／創造的になること
が大切だということを学ぶと思います」

エマの質問は「（❶の活動に対して）子どもたちは何を学びますか」。子ども
が活動を通して何を学ぶことができるかを考え、名詞で表す。動詞を使って
答えるときは、-ing形（動名詞）にする。

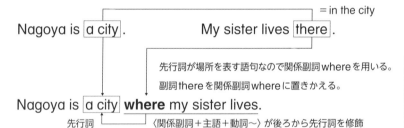 STUDY IT! ことばのしくみを学ぼう

「〜が…する場所」「〜が…する時」と後ろから説明を加える言い方
— 〈関係副詞where, when〉

「場所」や「時」を表す名詞に後ろから説明を加えるときは、関係副詞を
用いる。関係副詞以下の語句に修飾される名詞を先行詞という。

▶関係代名詞と関係副詞
　・関係代名詞は主語や目的語の働きをする。関係副詞は、場所や時などを
　　表す副詞の働きをする。
▶場所を表す関係副詞where

「名古屋は都市です」　（どんな都市？）　「私の姉がそこに住んでいます」

= in the city

Nagoya is a city .　　　　My sister lives there .

先行詞が場所を表す語句なので関係副詞whereを用いる。
副詞thereを関係副詞whereに置きかえる。

Nagoya is a city **where** my sister lives.
　先行詞　　　　　〈関係副詞＋主語＋動詞〜〉が後ろから先行詞を修飾

（名古屋は**私の姉が住んでいる都市**です）

＊次の場合は、先行詞が場所を表す名詞でも関係代名詞を用いる。
　× This is the park **where** I visited last week.
　○ This is the park **which** I visited last week.

（これは私が先週訪れた公園です）

　この文を2つに分けると
　This is the park.　I visited **it** last week.

　This is the park **which** I visited last week.

　visit「〜を訪れる、訪問する」は、必ず〈visit＋訪問する人・場所〉の形
で用いる。上の文ではvisitのあとにthe parkを指すitが必要である。itは

代名詞・目的格なので、関係代名詞の目的格を使って1文にする必要がある。

▶時を表す関係副詞 when

「その日は暑かった」　（どんな日？）　「私はその時エマを訪ねました」

= on the day

The day was hot.　　　　I visited Emma then.

先行詞が時を表す語句なので関係副詞 when を用いる。

副詞 then を関係副詞 when に置きかえる。

The day **when** I visited Emma was hot.

先行詞　〈関係副詞＋主語＋動詞〜〉が後ろから先行詞を修飾

（私がエマを訪ねた日は暑かったです）

DRILL

❶● the city「都市」を〈場所を表す関係副詞＋主語＋動詞〜〉が後ろから修飾する文。
❷● the hotel「ホテル」を〈場所を表す関係副詞＋主語＋動詞〜〉が後ろから修飾する文。
❸● the day「日」を〈時を表す関係副詞＋主語＋動詞〜〉が後ろから修飾する文。

SUM UP!　要約しよう

●**「1937年に、ゲルニカ、(❶) の小さな町が爆撃されました」**　教科書p.92の1
〜3行目参照。in 1937、Guernica, a small town in Spain, was bombed by the
Nazis. とある。
●**「多くの人が殺されました」**
●**「ピカソはこの出来事に抗議するため、『ゲルニカ』を描きました」**
●**「1995年、国際的な (❷) が日本で始まりました」**　教科書p.94の1〜3行目参照。
an international children's art project とある。
●**「子どもたちは平和の (❸) を、ピカソの 『ゲルニカ』 と同じサイズのキャンバ
スに描きます」**　教科書p.94の4〜6行目参照。Each group creates a painting
about world peace. とある。painting は「絵画」を意味する。
●**「このプロジェクトは 「キッズゲルニカ」 と呼ばれています」**
●**「子どもたちは、平和は互いを (❹) しあうときに存在することができるという
ことを学びます」**　教科書p.96の8〜10行目参照。p.96には Peace can exist in
places where people respect each other とあるが、この問題では peace can
exist when 〜と言いかえられている。

語句　スペイン　　プロジェクト・企画　　〜を尊敬する　　絵画

PRACTICE! 練習しよう

1. 現在分詞を使って名詞を修飾する文を作る問題

　　例 Students sleeping over 8 hours every day, raise your hands, please.
　　　　　　— There are 15 students sleeping over 8 hours.

- ● sleeping over 8 hours every day は「毎日8時間以上寝（てい）る」という意味。sleeping は現在分詞で、〈現在分詞＋語句〉が直前の名詞を修飾している。
- ● There are ～. は「（複数の）～がいます」という意味を表す構文。
- ● 例にならい、□□から一つ選んで（　）内の動詞を現在分詞にして、「～している［する］生徒」という文を作ろう。人数がわかったら There are ～. を使って結果を書いてみよう。
- 訳 毎日8時間以上寝ている生徒は、手を挙げてください。
　　　　— 毎日8時間以上寝ている 15人の生徒がいます。

語句
> 兄弟［姉妹］がいる　　　クラブ活動に参加する
> 学校から30分以内のところに住んでいる

2. 関係副詞を使って、さまざまな場所について説明する問題

　　例 hotel　　A "hotel" is a place where we stay overnight.

- ● 先行詞は a place。場所を表す関係副詞 where に〈主語＋動詞～〉が続き、「～は…する場所です」という意味を表す。
- ● 例にならい、❶～❹の単語を A "～"にあてはめ、where we に続く適語を□□から選んで書こう。
- 訳 ホテル　「ホテル」は、私たちが宿泊する場所です。
　　　　❶学校　❷駅　❸店　❹モスク

語句
> 電車に乗る　　　物を買うことができる　　　神に祈りをささげる
> 教育を受ける

3. ホテルの窓から見える景色を聞き取るリスニング問題

> **スクリプト**

> **Mr. Brown:** Hello, I'd like to check in.

Receptionist: Sure. Could you give me your name, please?
Mr. Brown: David Brown.
Receptionist: Mr. Brown? Ah, yes. We reserved a room facing the bay and the bridge. It has a great view. You can see boats going under the bridge. Here is the key to your room, number 1027. Enjoy your stay!
Mr. Brown: Thank you!
Question: Which view does Mr. Brown have from his hotel room?

聞き取りのポイント

　「ブラウン先生のホテルの部屋から見える景色」というポイントがわかっているので聞き取りやすい。ただし、A〜Dのうち3枚に「橋」が、2枚に「船」が写っている。また、似たような景色でも「湾」「川」「水路」の違いがある。A〜Dの景色の分析も不可欠である。

　最も重要な情報はa room facing the bay and the bridge「湾と橋に面した部屋」である。boats going under the bridge「橋の下を行く船」も重要。この2つの情報から正解がわかる。

- I'd like to check in.「チェックインしたいのですが」　ホテルでチェックインするときによく使われる表現。
- Could you give me your name, please?「お名前は何とおっしゃいますか」相手の名前を聞くときの丁寧な表現。May[Can] I have your name, please? という表現もある。
- a room facing the bay and the bridge「湾と橋に面した部屋」　facingはfaceの現在分詞形。〈現在分詞＋語句〉がa roomを後ろから修飾している。
- boats going under the bridge「橋の下を行く船」　goingはgoの現在分詞形。〈現在分詞＋語句〉がboatsを後ろから修飾している。
- Here is 〜.「〜があります」「これが〜です」　物を手渡すときの表現。
- Enjoy your stay.「よいご滞在を」　Have a nice stay. という言い方もある。

スクリプト訳

ブラウン先生：こんにちは、チェックインをしたいのですが。
受付：かしこまりました。お名前をうかがってもよろしいでしょうか？
ブラウン先生：デイビッド・ブラウンです。
受付：ブラウン様ですか？　はい。湾と橋に面したお部屋をお取りしてございます。大変よい眺めです。橋の下を行く船をご覧いただけます。こち

らがお部屋の鍵、1027号室でございます。よいご滞在を。
ブラウン先生：ありがとう。
質問：どの景色がブラウン先生のホテルの部屋から見えますか？

語句

☆ protest [prətést プロ**テ**スト] 動「反対する、抗議する」

☆ activity [æktívəti アク**ティ**ヴィティ] 名「活動」

☆ within [wiðín ウィ**ズ**ィン] 前「(時間・距離) 〜以内に [で]」

☆ hotel [houtél ホウ**テ**ル] 名「ホテル」

☆ overnight [òuvərnáit オウヴァ**ナ**イト] 副「一晩 (中)」

☆ mosque [másk **マ**スク] 名「モスク」

☆ pray [préi プ**レ**イ] 動「祈る」

☆ god [[gád **ガ**ド]] 名「〔God〕(一神教 (特にキリスト教) の神」

☆ education [èdʒəkéiʃən エヂュ**ケ**イション] 名「教育」

|||||||||||||| CHALLENGE YOURSELF! ||||||||||||||

1．空所に適語を入れて、動画につける英語の字幕を完成させよう。

　　Hi, everyone. I'm Moe. I'd like to ❶ (　　) you about my favorite volunteer project.

　　I belong to "Kids' Guernica Club." Last month, we taught elementary school children in this area about Picasso's *Guernica*.

　　And we decided to ❷ (　　) a huge picture together in June next year. We're wishing for world peace.

　　Do you want to ❸ (　　) us? If you have any questions, don't hesitate to email me. Thank you.

- ●❶〜❸の空所にはすべて動詞が入る。空所の前後の語句から内容的に適切な単語を選ぼう。
- ● I'd like to 〜 .は「〜したいのですが」と、婉曲的に言うときの表現。
- ● belong to 〜「〜に所属する」
- ● taught は teach の過去・過去分詞形。ここでは過去形。
- ● elementary school children「小学生」

- wish for 〜「〜を望む、願う」
- Don't hesitate to 〜.「遠慮なく〜してください」
- email「〜にEメールを送る」

　こんにちは、みなさん。私は萌です。私は自分がいちばん気に入っているボランティア企画について説明します。
　私は「キッズゲルニカクラブ」に所属しています。先月、私たちはこの地区の小学生に、ピカソの『ゲルニカ』について教えました。
　そして私たちは来年の6月に、いっしょに大きな絵を描くことを決めました。私たちは世界平和を願っています。
　あなたは参加したいですか？ 質問があれば、遠慮なくEメールをください。よろしく。

2．空所に適語を書いて、メッセージの返信を完成させよう。

❶　I'd like to join you.　What should I do?

　　　　　　　　　　　　　　　　　　　

- 「メールがほしい」→「私にEメールを送ってください」という1文を入れる。「私にEメールを送る」は send me an email、email me などで表す。

❷　It's a wonderful project.　I hope it will be a great success.

　　　　　　　　　　　　　　　　　　　

- 「メッセージへのお礼」は Thank you for 〜.「〜をありがとう」で表す。

❶　私も参加したいです。何をすればいいでしょうか？
❷　すばらしい企画ですね。大成功するといいですね。

語句

☆ taught [tɔ́:t トート] ＜ teach 動「teach の過去・過去分詞形」
☆ elementary [èləméntəri エレメンタリ] 形「初歩的な、小学校の」
☆ area [éəriə エアリア] 名「地域」
☆ hesitate [hézətèit ヘズィテイト] 動「ためらう」
☆ enter [éntər エンタ] 動「〜に入る」
☆ success [səksés サクセス] 名「成功」
☆ appreciate [əprí:ʃièit アプリーシエイト] 動「〜に感謝する」
☆ support [səpɔ́:rt サポート] 名「支持、支援」

Take a Break! 3
世界の名物料理

教科書p.101

次の料理を説明する文を下の**ア**〜**キ**から選び、記号を書こう。

・ブリヌイ 　　　　　（　　　　）
・タコス 　　　　　　（　　　　）
・フォー 　　　　　　（　　　　）
・ボーズ 　　　　　　（　　　　）
・パブロバ 　　　　　（　　　　）
・プーティン 　　　　（　　　　）

ア．It's a meringue-based sweet usually topped with cream and fruit cut up small．It's popular in New Zealand and Australia．

イ．It's a savory food made from folded Mexican bread with meat and salsa on it．

ウ．It's a Russian pancake made from wheat flour, eggs, milk, sugar and so on．People often eat them with jam and seafood．

エ．It's a dish made of French fries and cheese topped with meat sauce．It was created in Quebec, Canada．

オ．It looks like a Chinese dumpling．It's one of the home cooking in Mongolia．

カ．It's a popular dish made of fried fish and chips．It was originally made in the UK．

キ．It's one of the noodle dishes in Vietnam．The flat needles look like Japanese noodles called *kishimen*．However, they are made just from rice flour and water．

語 句

☆Russia [rʌ́ʃə **ラ**シャ] 名「ロシア」

☆Mexico [méksikòu **メ**クスィコウ] 名「メキシコ」

☆Vietnam [vìetnáːm ヴィエト**ナ**ーム] 名「ベトナム」

ア. ● meringue「メレンゲ」 卵白に砂糖を入れて泡立てたもの。

イ. ● savory「甘くない、塩味の、ピリ辛の」 ● folded「折りたたまれた」
　　 ● salsa「サルサ」 トマトや唐辛子などから作られるソース。

エ. ● French fries「フレンチフライ」 アメリカ英語圏で使われる語で、日本のフライドポ
　　 テトに相当する。

オ. ● dumpling「(小麦粉をねってゆでた)だんご」 Chinese dumplingは中華まんじゅう
　　 や点心(シュウマイなど)、蒸し餃子や水餃子などを指す。

カ. ● chips「フライドポテト」 イギリス英語圏ではFrench friesではなくchipsという。

キ. ● flat「平たい」

選択肢の訳

ア. 焼きメレンゲにふつうクリームと細かくカットしたフルーツをトッピングしたスイーツ。
　　 ニュージーランドやオーストラリアで人気がある。
　　 ● その名称は、ロシアのバレリーナ、アンナ・パヴロワに由来すると言われる。フルー
　　 　 ツをトッピングした白いクリームの形は、バレリーナの衣装をイメージしたもの。

イ. メキシコパンをたたんで肉とサルサソースを挟んだピリ辛の食べ物。
　　 ● 「タコライス」はタコスの具材をご飯の上に乗せ、サルサソースをかけた沖縄料理。

ウ. 小麦粉、卵、牛乳、砂糖などで作ったロシアのパンケーキ。よくジャムやシーフードを
　　 乗せて食べる。
　　 ● ブリヌイは直径13cmから18cmくらいのパンケーキ。クレープほどの薄さのものもある。

エ. フライドポテトとチーズにミートソースをかけた料理。カナダのケベックで考案された。
　　 ● ケベックではフランス語が使われるので、poutineもフランス語。

オ. 中華まんじゅうに似ている。モンゴルの家庭料理。
　　 ● 各国で似たような郷土料理があり、まとめてsteamed meat dumplingsと呼ばれるこ
　　 　 ともある。

カ. 魚のフライとフライドポテトの人気料理。英国を起源とする。
　　 ● 英国のテイクアウト料理であるfish and chips「フィッシュアンドチップス」の説明。

キ. ベトナムの麺料理のひとつ。平たい麺はきしめんと呼ばれる日本の麺に似ている。しかし、
　　 その麺は米粉と水だけでできている。
　　 ● 米粉麺は小麦粉を使わないため、グルテンアレルギー代替食品としても利用される。

☆Mongolia [mɑŋgóuliə マンゴウリア] 图「モンゴル」
☆New Zealand [njùː zíːlənd ニューズィーランド] 图「ニュージーランド」
☆Canada [kǽnədə キャナダ] 图「カナダ」

Ethical Fashion

エスィカル　ファション　　　　　第10課　エシカルファッション

生活に欠かせない衣食住のひとつであるファッション。なにげなく着ている服にも、人間も含め、地球上のすべての生き物につながる影響があるかもしれません。

テキストを読んでみよう①　　　　　　　　　　　　教科書p.104

Mike　　　: We'd like to make special T-shirts. ↘//

Moe　　　: We want to be unique and different. ↘//
　　　　　　　　　　　ユーニーク

Ms. Sato : That's good. ↘ // Clothes are a great way to express
　　　　　　　　　　　　　　　クロウズ　　　　　　　　　　イクスプレス
　　　　　yourselves. ↘ // Have you ever heard about "ethical
　　　　　　　　　　　　　　　　　　　　　　　　　　エスィカル
　　　　　fashion"? ↗//
　　　　　ファション

Mike　　　: Ethical fashion? ↗// What's that? ↘//

Ms. Sato : Well, ↗/ clothes are connected with nature and people. ↘//
　　　　　　　　　　　　　　　　コネクティド
　　　　　"Ethical" means to be kinder to our environment / and
　　　　　more conscious about the people making our clothes. ↘//
　　　　　カンシャス

語句・文の研究

| **We'd like to make special T-shirts.**
「私たちは特別なTシャツを作りたいです」
　　　　We'd = We would
　　　　● We'd like to ～．「～したいのですが」　would like to ～はwant to ～よりも遠回しで控えめな表現。

| **We want to be unique and different.**
「私たちはユニークで（他とは）異なりたいです」
　　　　unique [juːniːk ユーニーク] 形 「独特な、唯一の」
　　　　● uniqueは「（同類のものの中で）ただ一つだけの、他に存在しない」と

いう意味を持つ。「おもしろい、楽しい」という意味を持つ日本語の「ユニーク」とは使い方が違うので注意が必要。

- unique は「唯一の、他のあらゆるものと違っている」を意味し、different は「(同類の)他の物と比べると違う(部分がある)」を意味する。

■ That's good. 「それはいいですね」

- That's good. は、相手の発言に対して「ああ、そうなの」「よかったね」「それはいいね」と相槌を打つときの表現。

■ Clothes are a great way to express yourselves.
「服はあなたたち自身を表現するのに素晴らしい方法です」

clothes [klóuz クロウズ] 名 「衣服」

express [iksprés イクスプレス] 動 「~を表現する」

- clothes には、一般的にぼうし、くつ、下着も含まれる。常に複数扱い。
- to express yourselves は不定詞の形容詞用法で「あなたたち自身を表現するための」という意味。後ろから名詞を修飾する。

■ Have you ever heard about "ethical fashion"?
「今までに『エシカルファッション』について聞いたことはありますか?」

ethical [éθikəl エスィカル] 形 「倫理の、道徳的な」

fashion [fǽʃən ファション] 名 「流行、しかた、流儀」

- Have you ever ~?は「あなたは今までに~したことがありますか」とたずねる、現在完了の経験用法。
- ethical は「倫理的な、道徳的な」という意味だが、最近では「環境問題や社会問題の解決に貢献する」という意味で使われることが多い。ethical fashion もその一つ。
  ・化学薬品をなるべく使わずに育てた天然素材を利用している。
  ・生産過程において環境を汚染する廃棄物を出さない。
  ・紛争の資金源になるような原材料を買わない。
  ・使用後の大量廃棄を前提とした大量生産製品ではない。
  ・生産に携わる労働者の賃金・労働時間・労働環境が不当なものではない。
  などの条件を満たす製品がエシカルファッションとして認められる。

■ Ethical fashion? What's that?
「エシカルファッション? それは何ですか?」

Well, clothes are connected with nature and people.
「ええと、服は自然や人々と関連しています」

　　be connected with 〜「〜と関連している」

　　connect [kənékt コネクト] 動「〜を結びつける、〜を関係づける」

"Ethical" means to be kinder to our environment and 📖 more conscious about the people making our clothes.
「「エシカル」は、私たちの環境に対してより優しいこと、そして、私たちの服を作る人々についてより意識していることを意味します」

　　conscious [kánʃəs カンシャス] 形「〜に気づいている、〜を意識している」

　　● 文の構造は

"Ethical" means to be ⌈ kinder to our environment and
　　　　　　　　　　　　 more conscious about the people making
　　　　　　　　　　⌊　　　　　　　　　　　　　 our clothes.

　　● be kind to 〜「〜に優しくする」　kinder は kind の比較級。

　　● more conscious は conscious の比較級。

　　● the people making our clothes「私たちの衣服を作る人たち」　making は現在分詞。〈現在分詞＋語句〉が the people を後ろから修飾して「〜している人たち」という意味になる。

和訳

マイク	：私たちは特別なTシャツを作りたいです。
萌	：私たちはユニークで (他とは) 異なりたいです。
佐藤先生	：それはいいですね。服はあなたたち自身を表現するのに素晴らしい方法です。今までに「エシカルファッション」について聞いたことはありますか？
マイク	：エシカルファッション？ それは何ですか？
佐藤先生	：ええと、服は自然や人々と関連しています。「エシカル」は、私たちの環境に対してより優しいこと、そして、私たちの服を作る人々についてより意識していることを意味します。

CHECK! 確認しよう

❶ **「「エシカル」は、衣服のデザインを考えることを意味していますか」**

教科書 p.104 の 8〜11 行目参照。"Ethical" means to be kinder to our environment and more conscious about the people making our clothes. とある。

❷「佐藤先生によれば、衣服は何と関連していますか」

　教科書p.104の7〜8行目参照。clothes are connected with nature and people とある。

TALK! 話してみよう

---

❶「ええ、とても／ちょっとだけね」

　マイクの質問は「あなたはファッションに興味がありますか」。Yes / Noを使って答える問題だが、使わなくても答えることができる。別解としてNot at all.「まったくありません」などがある。

❷「私は服を オンライン／古着屋／フリーマーケット／ショッピングモール で買います」

　マイクの質問は「あなたはどこで服を入手しますか［買いますか］」。

　❷ ☐ の語句を参考にして、自分が服を買う店や場所を表現する。

STUDY IT! ことばのしくみを学ぼう

「…より〜」を表す言い方 ― -er (than ...) / more 〜 (than ...) 〈比較級〉

▶形容詞・副詞の変化

　形容詞や副詞は、性質・状態・量などの程度の違いを表すとき、形が変わる。

原級	比較しても差や違いのない状態を表す	● ●
比較級	2つのものを比較したとき、一方が他方よりも程度が高いまたは低いことを表す	● ⬤
最上級	3つ以上のものを比較したとき、ある一つのものの程度が最も高い、または最も低いことを表す	● ⬤ ⬤

▶比較級を使った文の形

　「…より〜だ」は〈比較級＋than ...〉で表す。

```
                              ┌────→ 比較の対象
            比較級＋than
  Bob is taller than Jim . （ボブはジムよりも背が高いです）
            └────→ tallの比較級
```

▶形容詞・副詞の比較級の作り方

- 短い語→erをつける：small – small**er**、old – old**er**など
  My bag is **smaller than** yours. （私のかばんは、あなたの**より小さい**です）

- 短い語で、語尾がe の語→rをつける：large – large**r**など
  Hokkaido is **larger than** Tokyo. （北海道は東京**より広い**です）

- 短母音＋子音字で終わる語→語尾の子音字を重ねてerをつける：
  big – big**ger**、hot – hot**ter**など
  Today is **hotter than** yesterday. （今日は昨日**より暑い**です）

- 子音字＋yで終わる語→yをiにかえてerをつける：early – earl**ier**など
  I get up **earlier than** my sister. （私は姉［妹］**より早く**起きます）

- 長い（主に3音節以上）語→直前にmoreをつける：
  popular – **more** popular、famous – **more** famousなど
  Soccer is **more popular than** tennis in my class.
  （私のクラスでは、サッカーはテニス**よりも人気があります**）

DRILL

❶「東京スカイツリーは東京タワーより高いです」
- 語尾にerをつける。

❷「アキラはケンよりも熱心に働きます［勉強します］」
- 副詞の比較級も形容詞と同じように変化する。

❸「愛はお金よりも大切です」
- importantはつづりの長い形容詞。

テキストを読んでみよう② 教科書p.106

Ms. Sato : Fashion is changing. ↘ // Big companies produce more
カンパニズ　　　プロデュース

clothes more quickly / with less money. ↘// This has the
レス

greatest impact on the environment and people. ↘//
インパクト

Moe 　　 : But if clothes are cheaper, / it's better. ↘//
チーパー

Ms. Sato : Nŏ, / it's nŏt. ↘// That's the most difficult prŏblem. ↘//

Take T̊-shirts måde from cŏtton.↘// In some cŏuntries, /
カトン

a lot of chemicåls are ůsed in cŏtton fiĕlds / and måny
ケミカルズ

chilḋren håve to wŏrk there. ↘//

語句・文の研究

▎Fashion is changing. 「ファッションは変化しています」
- ●〈be 動詞＋動詞の -ing 形〉の現在進行形の文。

▎Big companies produce more clothes more quickly with less money.
「大きな会社がより少ないお金で、より速く、より多くの服を生産しています」
company [kʌ́mpəni カンパニ] 图「会社」
produce [prədjúːs プロデュース] 動「～を生み出す、生産する」
with less money 「より少ないお金で」
less [lés レス] 形「〔little の比較級〕（量・程度が）いっそう少ない」
- ●more clothes 「より多くの服」 more は many 「多くの」の比較級で、clothes を修飾している。
- ●more quickly 「より速く」 more quickly は副詞 quickly の比較級で、produce を修飾している。
- ●less money 「より少ないお金」 less は little の比較級で、money を修飾している。

▎This has the greatest impact on the environment 🔳 and people.
「これが環境と人々に最も大きな影響を与えています」
great impact 「大きな影響」
impact [ímpækt インパクト] 图「強い影響（力）」
- ●This は直前の 1 文の内容「大きな会社がより少ないお金で、より速く、より多くの服を生産すること」を指す。
- ●have a great impact on ～は「～に重大な影響を与える［及ぼす］」という意味の熟語。

But if clothes are cheaper, it's better.
「でももし服がより安ければ、よりよいです」

cheap [tʃíːp **チープ**] 形 「安い」
- cheaper は cheap の比較級。
- it は直前の「服がより安いこと」を指す。

No, it's not. 「いいえ、それは違います」
- it は直前の内容「服がより安ければ、よりよいこと」を指す。

That's the most difficult problem. 📖
「それは最も難しい問題です」
- That はここで話題になっている「服がより安ければよりよいというわけではないこと」を指す。
- most difficult は difficult の最上級。「最も難しい」という意味を表す。

Take T-shirts made from cotton.
「コットンで作られたTシャツを例として取り上げましょう」

take ～ 「～を例として取り上げる」
cotton [kátn **カトン**] 名 「綿布、綿」
- made は過去分詞。made from cotton がT-shirts を後ろから修飾している。made from ～ は原料や材料を指して「～でできている」「～で作られている」という意味を表す。

In some countries, a lot of chemicals are used in cotton fields and many children have to work there.
「いくつかの国では、多くの化学薬品が綿花畑で使われていて、多くの子どもたちがそこで働かなくてはなりません」

chemical [kémikəl **ケミカル**] 名 「〔通例 chemicals〕化学製品、化学薬品」
- a lot of chemicals are used は〈be 動詞＋過去分詞〉の受け身の文。「たくさんの化学薬品が使われています」
- cotton field「綿花畑」
- have to ～ 「～しなければならない」
- there は in cotton fields と同意。
- 児童労働　ユニセフの発表によれば、現在でも世界で1億5千万人ほどの児童（5歳～17歳）が農業・漁業・林業・家事手伝いなどの労働に従事している。これは、子どもの心身の健全な発達を妨げ、教育を受ける

権利を奪う要因となるため、大きな社会問題になっている。この問題を解決するため、世界各国が支援活動を続けている。

和訳

佐藤先生：ファッションは変化しています。大きな会社がより少ないお金で、より速く、より多くの服を生産しています。これが環境と人々に最も大きな影響を与えています。

萌　　　：でももし服がより安ければ、よりよいです。

佐藤先生：いいえ、それは違います。それは最も難しい問題です。コットンで作られたTシャツを例として取り上げましょう。いくつかの国では、多くの化学薬品が綿花畑で使われていて、多くの子どもたちがそこで働かなくてはなりません。

CHECK! 確認しよう

❶「佐藤先生と話す前、萌はより安い服を喜んでいましたか」

教科書p.106の5行目参照。if clothes are cheaper, it's better とある。

❷「いくつかの国では、綿花畑で何が使われていますか」

教科書p.106の8～9行目参照。a lot of chemicals are used in cotton fields とある。

TALK! 話してみよう

❶「はい、見ます／いいえ、あまり気にかけません」

マイクの質問は「あなたは服を買うとき、素材を見ますか」。YesまたはNoで答える問題。reallyを使うときは、置く場所により意味が異なるので注意が必要。
I don't really care.「私はあまり気にかけません」
→reallyはcareを修飾。really careをdon'tが否定。
I really don't care.「私は本当に気にかけません」
→reallyはdon't careを修飾。

❷「そうですね、私はいつも 値段／色／デザイン／サイズ を確認します」

マイクの質問は「あなたにとって、服を買うときにいちばん大切なことは何ですか」。check theのあとに、自分がいちばん気にするものを当てはめる。

SAY IT!

[θ]、[θs]、[z]の発音の違いに注意しよう。
　cloth [klɔ́ːθ クロース]「布（単数形）」　[θ]は舌の先端を上の歯の先に近づける。
　cloths[klɔ́ːθs クロースス]「布（複数形）」　口を少し開けて歯をとじ、舌を歯に
　つけないようにする。歯の隙間から「ス」という音を空気とともに出す。
　clothes[klóuz クロウズ]「衣類」　上の[θ]の口の形をして、歯の隙間から音を出す。

STUDY IT!　ことばのしくみを学ぼう

「（…の中で）最も〜」を表す言い方 ―
the -est (in, of ...) / the most 〜 (in, of ...) 〈最上級〉

▶最上級を使った文の形
　「（…の中で）最も〜」は〈the ＋最上級（＋ in[of] ...）〉で表す。
　Yui runs **the fastest in** this group.（結衣はこの集団で**最も速く**走ります）
　　　　　　　fastの最上級　　　　　　集団や場所を表す語句
　Mike is **the tallest of** the three.（マイクは3人の中で**最も背が高い**です）
　　　　　　tallの最上級　　　　　　数を表す語句
　＊「〜の中で」というときのinとofの使い分け
　　in → class（学級）、group（グループ）、Tokyo（東京）など場所や集団、
　　　　範囲を表す語（句）の前に置く。
　　of → 具体的な数や、all（すべて）、all the students（すべての生徒）など
　　　　を表す語句の前に置く。

▶形容詞・副詞の最上級の作り方
　・短い語→estをつける：small – smaller – small**est**など
　My bag is the **smallest** of the five.

　　　　　　　　　　　　　　　（私のかばんは5つのうちで**最も小さい**です）

　・短い語で、語尾が e の語→stをつける：large – larger – larg**est**など
　This is the **largest** park in our city.（これは私たちの市で**最大の**公園です）

　・短母音＋子音字で終わる語→語尾の子音字を重ねてestをつける：
　　　　　　　　　　　　　　　　　big – bigger – big**gest**など
　Tokyo is the **biggest** city in Japan.（東京は日本**最大の**都市です）

・子音字＋yで終わる語→yをiにかえてestをつける：

early – earlier - earliest など

Who gets up the **earliest** in your family?

（あなたの家族で**最も早く**起きるのは誰ですか）

・長い（主に3音節以上）語→直前にmostをつける：

popular – more popular – **most** popular など

What kind of music is the **most popular** in your school?

（あなたの学校では、どんな音楽が**最も人気があり**ますか）

DRILL

❶ 「富士山は日本で最も高い山です」

● tall – taller – tallest と変化する。

❷ 「サッカーは私たちの学校で最も人気のあるスポーツです」

● popular は3音節の単語。

❸ 「この問題［質問］はすべての中で最も難しいです」

● difficult は3音節の単語。

テキストを読んでみよう③　　　　　　　　　　教科書p.108

Ms. Sato : Organic cotton uses no chemicals. ↘//
オーギャニク

Moe 　　　: So / the environment isn't damaged. ↘// And it's kinder to
ダミヂド

people! ↘//

Mike 　　: But is organic cotton as cheap as ordinary cotton? ↗//
オーディネリ

Ms. Sato : No, / it's more expensive. ↘// But we should pay / to

improve people's lives. ↘ // And if we wear our clothes
ライヴズ

longer, / it will save money / in the long run. ↘//

Mike 　　: Changing our lifestyle can make a world where everyone

is happier. ↘//

Organic cotton uses no chemicals.
「オーガニックコットンは化学薬品を使いません」

organic cotton「オーガニックコットン」

organic [ɔːrgǽnik オーギャニク] 彤 「有機の、有機肥料を用いた」

● 「オーガニックコットン」 3年以上、禁止された農薬や化学肥料を使っていない農地で栽培された綿花のこと。「オーガニックコットン」を名乗るには認証機関で次の世界基準をクリアしていることの証明を受ける必要がある。

・化学薬品や農薬を使わずに栽培しているか。
・労働者の健康・安全を含む労働環境に配慮されているか。
・児童労働を禁止しているか。

So the environment isn't damaged.
「だから環境はダメージを受けません」

damage [dǽmidʒ ダミヂ] 動 「～に損害［被害］を与える」

● 〈be動詞＋not＋過去分詞〉 受け身の否定文。
● オーガニック栽培をすれば、化学薬品や農薬が土壌や地下水を汚染するのを避けることができる。

And it's kinder to people! 「そして人々により優しいです！」

● 普通に栽培された綿花でも残留農薬は少なく、オーガニック栽培の綿花と区別がつかないとされる（だからオーガニック認証が必要）。「人々に優しい」は「オーガニック製品が利用者に優しい」というより、むしろ「オーガニック栽培をすると、農薬や化学肥料を使わない農地で働く人々やその環境の影響を受ける人々に優しい」という意味。

But is organic cotton as cheap as ordinary cotton?
「でもオーガニックコットンはふつうのコットンと同じくらい安いですか？」

ordinary cotton「（オーガニックコットンではない）ふつうのコットン」

ordinary [ɔ́ːrdənèri オーディネリ] 彤 「ふつうの」

● 〈as＋形容詞＋as ～〉は「～と同じくらい…だ」という意味を表す。
● ordinary cotton 綿は栽培に手間がかかり、病害虫にも弱い。普通の綿栽培には、多くの殺虫剤、殺菌剤、化学肥料、除草剤などが使われる。

No, it's more expensive. 「いいえ、より高いです」

- it は organic cotton を指す。
- more expensive は expensive の比較級。

But we should pay to improve people's lives.
「でも私たちは人々の生活を改善するために払うべきです」

lives [láivz ライヴズ] ＜ life 图 「life の複数形」

- to improve people's lives　to improve は目的を表す不定詞。people は綿栽培に携わる労働者を指す。オーガニックコットンの栽培や、オーガニックコットンを使った製品にはお金がかかる。それが価格に反映されるが、高額な商品は売れ行きがよいとはいえず、少しでも価格を下げるために労働者の賃金が不当に安く設定されるという問題がある。

And if we wear our clothes longer, it will save money in the long run.
「そしてもし私たちが服をより長く着れば、長い目で見ればそれはお金を節約するでしょう」

in the long run 「長い目で見れば」

- if は「もし～ならば」という条件を表す接続詞。
- longer は副詞 long「長く」の比較級。
- it will ～は if we wear our clothes longer の結果を表す。
- save money 「お金を節約する」

Changing our lifestyle can make a world where everyone is happier.
「私たちのライフスタイルを変えることで、みんながより幸せな世界を作ることができます」

- Changing は主語になる動名詞。「変えること」
- a world where everyone is happier 「みんながより幸せな世界」
a world は場所を表す名詞。どのような場所であるかを、関係副詞 where 以下が後ろから説明している。

a world where everyone is happier
　　　　　　 関係副詞＋主語＋動詞

和訳

佐藤先生：オーガニックコットンは化学薬品を使いません。
萌　　　：だから環境はダメージを受けません。そして人々により優しいです！
マイク　：でもオーガニックコットンはふつうのコットンと同じくらい安い

ですか？

佐藤先生：いいえ、より高いです。でも私たちは人々の生活を改善するために払うべきです。そしてもし私たちが服をより長く着れば、長い目で見ればそれはお金を節約するでしょう。

マイク　：私たちのライフスタイルを変えることで、みんながより幸せな世界を作ることができます。

CHECK! 確認しよう

❶「佐藤先生は、私たちは人々の生活を改善するために払うべきだと思っていますか」

　教科書p.108の6〜7行目参照。we should pay to improve people's livesとある。

❷「私たちは、みんながより幸せな世界をどのように作ることができるでしょうか」

　教科書p.108の最後の2行参照。Changing our lifestyle can make a world where everyone is happier.とある。

TALK! 話してみよう

❶「はい、持っています／いいえ、持っていません」

　マイクの質問は「あなたはオーガニックコットンで作られたTシャツを持っていますか」。YesまたはNoで答える。

❷「私は、オーガニック コーヒー／タオル／ペットフード／野菜 について聞いたことがあります」

　マイクの質問は「あなたはほかのどんなオーガニック製品を知っていますか」。❷に製品名を入れて答えよう。

STUDY IT! ことばのしくみを学ぼう

「…と同じくらい〜」を表す言い方 ― as 〜 as ... 〈原級を用いた比較〉

▶ as 〜 as ... （肯定文）

　2つのものや人などについて「大きさ」「長さ」「速さ」などを比べたとき、程度や状態が同じくらいであれば〈as ＋形容詞［副詞］＋ as ...〉で表す。

　My camera is **as old as** this one.（私のカメラはこれと**同じくらい古い**です）

　Ken speaks English **as fast as** Bob.

（ケンはボブと**同じくらい速く**英語を話します）

▶ not as ~ as ... （否定文）

否定文は not as ~ as ...の形で、「…ほど～でない」という意味になる。

My bag is **not as big as** yours.

（私のかばんは、あなたの**ほど大きくない**です）

= My bag is **smaller than** yours. （私のかばんは、あなたの**よりも小さい**です）

= Your bag is **bigger than** mine. （あなたのかばんは、私の**よりも大きい**です）

DRILL

❶「私はケイトと同じくらい背が高いです」
- 〈as + 形容詞 + as〉で表す。

❷「ケイタはタカシと同じくらい速く泳ぎます」
- 〈as + 副詞 + as〉で表す。

❸「私のジャケットはあなたのほど新しくありません」
- 〈not as + 形容詞 + as〉で表す。

SUM UP! 要約しよう

- 「大企業は多くの低価格の (❶) をより速く生産します」 教科書p.106の1～3行目参照。Big companies produce more <u>clothes</u> more quickly とある。
- 「しかし、これは時に環境や人に対して問題を生じます」
- 「例えば、畑で (❷) が使われ、子どもがそこで働いている国もあります」 教科書p.106の8～10行目参照。In some countries, a lot of <u>chemicals</u> are used in cotton fields and many children have to work there. とある。
- 「エシカル (❸) は、衣服を作るとき、環境や人に優しいです」 教科書p.104の5行目、8～11行目参照。
- 「ライフスタイルを (❹) により、よりよい世界を作り出すことができます」 教科書p.108の最後の2行参照。<u>Changing</u> our lifestyle can make a world where everyone is happier. とある。

語句 　化学薬品　　ファッション　　衣服　　変えること

PRACTICE! 練習しよう

1．2つのものを比較する文を作る問題

❶ A: Which is (easy) for you, English or math?
B: For me, ＿＿＿＿＿ is (easy) than ＿＿＿＿＿.

A: Why is that?

B: Because I'm good at 例 communicating / solving math problems .

- English「英語」とmath「数学」を比べて、どちらが簡単であるかを自分の立場で答える。「～よりも…だ」と言うときは、形容詞［副詞］を比較級にする。

- Because以下では、なぜ英語［数学］の方が簡単であるかを自分の得意なことと関連づけて答える。be good at ～「～が得意である」

❷ A: Which is (useful) for you, a smartphone or a tablet?

B: I think _____ is (useful) than _____.

A: Why do you think so?

B: Because 例 it's smaller / it has a bigger screen.

- smartphone「スマートフォン」とtablet「タブレット」を比べて、どちらが役に立つかを自分の立場で答える。

- Because以下では、なぜスマートフォン［タブレット］の方が役に立つかを〈主語＋動詞 ～〉の形で答える。

訳 ❶ A：あなたにとって、英語と数学のどちらがより簡単ですか？

B：私にとっては_____ は _____よりも簡単です。

A：それはなぜですか？

B：なぜなら私は 気持ちを伝えること / 数学の問題を解くこと が得意だからです。

訳 ❷ A：あなたにとって、スマートフォンとタブレットのどちらがより役に立ちますか？

B：私は、_____ は _____よりも役に立つと思います。

A：なぜそう思うのですか？

B：なぜなら それがより小さい / より大きな画面がそれに付いている からです。

2．最上級を使って、動物について説明する問題

例 Loot at this data.

The _____ is the fastest of the three.

- 表を見て、3つの動物の中で最も速い［大きい］動物がどれか、最上級を使って答える。

訳 このデータを見てください。

_____が3つのうちで最も速いです。

3．明日の関西地方の最高気温を聞き取るリスニング問題

The weather in the Kansai area today was sunny all day long. The highest temperature was 28 degrees. Tomorrow, the weather will continue to be sunny but the temperature will be a little lower. The highest temperature in Kansai will be 26 degrees. In Osaka, it will be 25 degrees. However, it will be cooler at night. The temperature will drop below 20 degrees. Don't forget to take a jacket with you.

Question: What will the highest temperature be in Kansai tomorrow?

聞き取りのポイント

「明日の関西地方の最高気温」を聞き取る問題なので、次のことに注意する。

・数字がいくつか読まれると考えられる。最も大きな数字を正しく聞き取る。

・比較表現が使われると考えられる。最上級に特に注意する。

● 第1文　今日の関西地方の天気。all day longは「一日中」という意味。

● 第2文　今日の最高気温。the highest temperatureは「最高気温」という意味。degreeは温度を表す単位の「度」という意味。

● 第3文　明日の天気と気温。continue to 〜は「〜し続ける」、a little lowerは「少し低い」という意味。

● 第4文　関西地方の予想最高気温。

● 第5文　大阪の予想最高気温。

● 第6文　関西地方の夜の予想。howeverは「しかしながら」という意味で、前文との対比を表す。coolerはcoolの比較級。

● 第7文　関西地方の夜の予想気温。dropは「下がる」、belowは「〜より下に」という意味。

● 第8文　forget to 〜「〜し忘れる」

今日の関西地方の天気は、一日中晴れ。最高気温は28度でした。明日は晴れの天気が続きますが、気温は少し低くなるでしょう。関西地方の最高気温は26度になるでしょう。大阪は25度でしょう。しかし、夜にはより涼しくなるでしょう。気温は20度を下回るでしょう。上着を忘れずにお持ちください。

質問：明日の関西地方の最高気温は何度になるでしょうか。

☆**low-priced** [lóupráist ロウプライスト] 形「低価格の」

☆**cause** [kɔ́:z コーズ] 動「～を引き起こす」

☆**smartphone** [smáːrtfòun スマートフォウン] 名「スマートフォン」

☆**tablet** [tǽblət タブレット] 名「タブレット（コンピュータ）」

☆**screen** [skríːn スクリーン] 名「画面」

☆**cheetah** [tʃíːtə チータ] 名「チーター」

☆**giraffe** [dʒərǽf ヂラフ] 名「キリン」

☆**ostrich** [ɑ́stritʃ アストリチ] 名「ダチョウ」

||||||||||||| CHALLENGE YOURSELF! |||||||||||||

1．例文を参考にして、エネルギーを節約する方法を書こう。

Theme: SDGs No.7: Affordable and Clean Energy

Main Question: What can we do to save energy?

Answers: ❶ Turn off the light when we leave the room.

❷ _____

❸ _____

● 電力の需要は世界的に増え続けている。しかし、現状では電力不足や高額な電気料金のため、十分な電気エネルギーを利用できない人が少なくない。SDGsのNo.7は、世界の誰もが手ごろな価格のクリーンなエネルギーを利用できるようになることを目標としている。

● 電気などのエネルギーや、それを生み出す資源を無駄にしないためには節約が必要である。日常生活で何をすることができるかを考え、[　　]の表現を参考にして❷、❸に書こう。

● affordable は「手ごろな価格の」「入手できる」という意味。

● clean energy とは、エネルギーを作る際に二酸化炭素や窒素酸化物などの有害物質を排出しない、または排出量の少ないエネルギー源から作られるエネルギーを指す。太陽光・風力・水力・地熱などは一度利用しても自然に補充されて再生できるので、これらから作られるエネルギーを再生可能エネルギーという。

訳

> テーマ：持続可能な開発目標No.7「エネルギーをみんなに　そしてクリーンに」
> 主な質問：エネルギーを節約するために何ができますか？

答え： ❶ 部屋を出るときに電灯を消す。

❷ _____

❸ _____

2. 空所に適語を書いて、省エネルギーを訴えるブログを完成させよう。

❷ Second, let's _____ !

❸ Third, let's _____ !

Let's save energy by turning off lights, _____

_____ and _____ so that we can keep

energy affordable and clean.

● 空所に問1の❷、❸に書いた文を当てはめる。

訳

エネルギーを節約しましょう！

私たちには何ができますか？

❶ 第一に、部屋を出るときは電灯を消しましょう！

❷ 第二に、_____しましょう！

❸ 第三に、_____しましょう！

エネルギーを手ごろな価格でクリーンに保つことができるように、電灯を消し、_____、そして_____するこ
とによってエネルギーを節約しましょう。

語句

☆theme [θíːm スィーム] 图「テーマ」

☆SDGs [ésdìːdʒíːz エスディージーズ] 图「SDGs」

☆affordable [əfɔ́ːrdəbl アフォーダブル] 形「値段が高くない、入手可能な」

☆energy [énərdʒi エナヂ] 图「エネルギー」

☆unplug [ʌnplʌ́g アンプラグ] 動「〜の電源を切る、プラグを抜く」

☆air conditioner [éər kəndìʃənər エア コンディショナ] 图「エアコン」

☆stair [stéər ステア] 图「〔通例 stairs〕階段」

☆instead [instéd インステド] 副「(その) 代わりに」

☆elevator [éləvèitər エレヴェイタ] 图「エレベーター」

☆tap [tǽp タプ] 图「蛇口」

☆brush [brʌ́ʃ ブラシュ] 動「〜をブラシでみがく」

☆teeth [tíːθ ティース] 图「tooth の複数形」 < tooth [túːθ トゥース] 图「歯」

The Story of Oshin, a Japanese *Cinderella*
日本のシンデレラ、おしんの物語

　古くから語り継がれてきたシンデレラの物語。日本近代文学の先駆者である坪内逍遥〔1859〜1935〕が、明治時代の日本の教科書にも紹介しています。その内容は……。

テキストを読んでみよう①	教科書p.112

Once upon a time, / there was a young woman named Oshin. ↘//
アパン

Her mother died / and her father remarried. ↘// Her new stepmother
リーマリド　　　　　　　　　　　ステプマザ

had a daughter. ↘ // The two women were cruel. ↘ // Oshin had to
クルーエル

work hard / in a shabby kimono. ↘// Her life was difficult. ↘//
シャビ

One day, / an invitation to a garden party came from a
インヴィテイション

nobleman. ↘ // Oshin's stepmother ordered, / "Oshin, / make your
ノウブルマン

sister a new kimono." ↘// For three long days, / Oshin sewed all day
ソウド

and all night. ↘//

語句・文の研究

■ **Cinderella** 『シンデレラ』
- 言わずと知れた童話『シンデレラ』だが、原作はペロー版、グリム版などがある。いずれも大筋は似通っている。明治33年（1900年）、坪内逍遥がペロー版を翻訳し、「おしん物語」として高等小学校の教科書に採用された。日本人に親しみやすい内容になるように、翻訳といってもかなり手が加えられている。

■ **Once upon a time, there was a young woman named Oshin.**
「昔むかし、おしんという名前の若い女性がいました」

once upon a time「昔むかし」

upon [əpán アパン] 前「(= on)」

- Once upon a time, there was[lived] 〜.「昔むかし、（あるところに）〜が（住んで）いました」　物語の冒頭で定番のフレーズ。
- a young woman named Oshin「おしんと名づけられた若い女性」
  namedは「〜を…と名づける」という意味の動詞nameの過去分詞形。
  named Oshinがa young womanを修飾している。

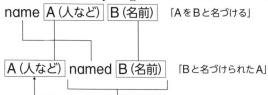

name A（人など） B（名前）　「AをBと名づける」

A（人など） named B（名前）　「Bと名づけられたA」

Her mother died and her father remarried.
「彼女の母親は亡くなり、彼女の父親は再婚しました」

remarry [ri:mǽri リーマリ]［動］「再婚する」
- HerはOshinを指す。

Her new stepmother had a daughter.
「彼女の新しい継母にはひとりの娘がいました」

stepmother [stépmʌðər ステプマザ]［名］「継母」

The two women were cruel.
「そのふたりの女性たちは冷酷でした」

cruel [krú:əl クルーエル]［形］「冷酷な」
- women [wímin ウイミン]　woman「女性」の複数形。発音に注意。
- The two womenは前出のstepmotherとa daughter（継母とその娘）を指す。

Oshin had to work hard in a shabby kimono.
「おしんはみすぼらしい着物を着て一生懸命働かなければなりませんでした」

shabby [ʃǽbi シャビ]［形］「ぼろぼろの」
- had to 〜　have to 〜「〜しなければならない」の過去の形。
- in 〜　〈in＋衣服〉で「〜を着て」という意味を表す。
- shabbyは「使い古してボロボロになった状態」を意味する。

Her life was difficult.「彼女の生活は苦しいものでした」

life is difficult「生活が苦しい」

● life is difficult とは「経済的に苦しい、不自由な、トラブルが多い」などで生活が困難な状況を指す。

One day, an invitation to a garden party came from a nobleman.
「ある日、園遊会への招待状が華族から来ました」

invitation [invətéiʃən インヴィ**テ**イション] 图「招待、招待状」

garden party「園遊会」

nobleman「華族」

nobleman [nóublmən **ノ**ウブルマン] 图「貴族、華族」

● one day「ある日」

● ここでの「園遊会」は、天皇皇后が主催する皇室園遊会とは別の行事。英国のガーデンパーティーにあたり、花と緑が美しい季節に、主催者が庭に客を招待してもてなす。

Oshin's stepmother ordered, "Oshin, make your sister a new kimono."
「おしんの継母は命令しました、『おしん、あなたの姉［妹］に新しい着物を作りなさい』」

make ～ ...「～に…を作る」

● order は「命令する、指示する」という意味の動詞。

● 〈make ＋ 人など(目的語) ＋ ものなど(目的語)〉は「(人など)に(ものなど)を作る」という意味。〈make ＋ 人など(目的語) ＋ 状態(補語)〉「(人など)を…（の状態)にする」とは文型が異なる。

Ms. Brown made her daughter a kimono.
　　　　　動詞　　　目的語　　　目的語

　　　　　　　　　　　　　　（ブラウンさんは娘に着物を作ってあげました）

Ms. Brown made her daughter a doctor.
　　　　　動詞　　　目的語　　　補語

　　　　　　　　　　　　　　（ブラウンさんは娘を医者にしました）

For three long days, Oshin sewed all day and all night.
「3日間のあいだずっと、昼夜なしに一日中おしんは縫いました」

sew [sóu **ソ**ウ] 動「～を縫う」

all day and all night「昼夜なしに一日中」

和訳

　昔むかし、おしんという名前の若い女性がいました。彼女の母親は亡くなり、彼女の父親は再婚しました。彼女の新しい継母にはひとりの娘がいました。そのふたりの女性たちは冷酷でした。おしんはみすぼらしい着物を着て一生懸命働かなければなりませんでした。彼女の生活は苦しいものでした。

　ある日、園遊会への招待状が華族から来ました。おしんの継母は命令しました、「おしん、あなたの姉［妹］に新しい着物を作りなさい」。3日間のあいだずっと、昼夜なしに一日中おしんは縫いました。

テキストを読んでみよう② 　　　　　教科書p.113

Suddenly / the goddess Benten entered. ↘ // "Oshin, / don't you
ガデス
want to go to the party?"↗/ she asked. ↘// "I wish I could go," / Oshin
answered. ↘//

Benten took her fan / and touched a charcoal bucket. ↘// "Bucket
ファン　　　　　　　　　チャーコウル　バケト
to coach!" / she said. ↘ // An elegant coach appeared. ↘ // Next, /
コウチ　　　　　　エリガント　　アピアド
Benten pointed her fan at two mice. ↘// "Mouse to horse!" ↘// Two
マイス
strong horses appeared. ↘// She waved her fan at a cat. ↘// "Cat to
ウェイヴド
coach driver!" ↘ // A handsome coach driver appeared. ↘ // Oshin
ハンサム
couldn't believe her eyes. ↘//

Finally, Benten's fan touched Oshin's ragged kimono. ↘ // It
ファイナリ　　　　　　　　　　　　　　ラゲド
became the finest silk. ↘// Oshin looked really beautiful! ↘// Benten
スィルク
passed her fan to Oshin and said, / "Life is wonderful. ↘ // Life is
strange. ↘// At six o'clock, / all will change." ↘//

Suddenly the goddess Benten entered.
「突然、弁天様が入ってきました」

goddess Benten「弁天様」

goddess [gádəs ガデス] 图「女神」

- goddess　神話などに登場する女神。あこがれや崇拝の対象となる女性を指すこともある。男性の神はgod。
- 「弁天様」　日本では七福神(福徳の神として信仰される七人の神)の一人として信仰される。インド神話の河川の女神を起源とする。

"Oshin, don't you want to go to the party?" she asked.
「『おしん、園遊会に行きたくありませんか?』と彼女はたずねました」

- Don't you ～?　「～ではないのですか」とたずねる否定疑問文。Do you ～?とDon't you ～?の答え方は同じなので注意が必要。

  Do you want to go to the party?

  (行きたい場合)Yes, I do. / (行きたくない場合)No, I don't.

  Don't you want to go to the party?

  (行きたい場合)Yes, I do. / (行きたくない場合)No, I don't.

"I wish I could go," Oshin answered.
「『行ければいいのですが』とおしんは答えました」

- I wish I could ～ .は「～できればいいのに」「～であればいいのに」という、現実とは違うことや、実現しそうにないことを願うときに用いる。couldは過去形だが、現在の内容を表す。

  現実:I can't go to the party.「私はパーティーに行くことができません」

  現実とは異なる願望:I wish I could go (to the party).

  「(パーティーに)行くことができればいいのになあ」

Benten took her fan and touched a charcoal bucket.
「弁天様は扇を取り出して炭取りに触れました」

fan [fǽn ファン] 图「扇」

charcoal bucket「炭取り(炭を入れておく器)」

charcoal [tʃɑ́ːrkòul チャーコウル] 图「木炭、炭」

bucket [bʌ́kət バケツ] 图「バケツ」

- tookはtake「～をとる」の過去形。
- 「炭取り(炭斗)」は、火鉢につぎ足す木炭を小出しにして入れておく木箱やかご。

"Bucket to coach!" she said.
「『炭取りから馬車へ！』と彼女は言いました」

　　coach [kóutʃ コウチ] 图「コーチ、大型の四輪馬車」

An elegant coach appeared. 「優雅な馬車が現れました」

　　elegant [éligənt エリガント] 形「優雅な、上品な」
　　appear [əpíər アピア] 動「現れる」

Next, Benten pointed her fan at two mice. "Mouse to horse!"
「次に、弁天様が彼女の扇を2匹のネズミに向けました。『ネズミから馬へ！』」

　　mice [máis マイス] 图「mouse の複数形」
　　● point 〜 at ...「〜を…に向ける」

Two strong horses appeared. 「2頭の強い馬が現れました」

　　● strong は「馬力のある、丈夫な」という意味。

She waved her fan at a cat. "Cat to coach driver!"
「彼女は扇をネコに振りました。『ネコから馬車の御者へ！』」

　　wave [wéiv ウェイヴ] 動「〜を振る」
　　coach driver「馬車の御者」

A handsome coach driver appeared.
「顔立ちのよい馬車の御者が現れました」

　　handsome [hǽnsəm ハンサム] 形「ハンサムな」
　　● handsome は外見が整っていてすてきであり、魅力的であること。
　　　good-looking「容姿がいい、顔立ちがいい」と同じような意味を表す。

Oshin couldn't believe her eyes.
「おしんは自分の目を信じることができませんでした」

　　● couldn't = could not

Finally, Benten's fan touched Oshin's ragged kimono.
「最後に、弁天様の扇がおしんのぼろぼろの着物に触れました」

　　finally [fáinəli ファイナリ] 副「ついに、最後に」
　　ragged kimono「ぼろぼろの着物」
　　ragged [rǽgəd ラゲド] 形「ぼろぼろの」

- raggedは、「着古した」という意味のほかに「引き裂かれた」という意味がある。『シンデレラ』の原作では、義理の姉がシンデレラのドレスを引き裂いたという描写がある。

▎It became the finest silk.「それは最高級の絹になりました」

the finest silk「最高級の絹」

silk [silk スィルク] 图「絹、絹織物」

- Itは直前のOshin's ragged kimonoを指す。
- finestはfine「とてもよい、高水準の」の最上級。

▎Oshin looked really beautiful!「おしんは本当に美しく見えました！」

- 〈look + 形容詞〉は「～に見える」という意味。

▎Benten passed her fan to Oshin and said, "Life is wonderful. Life is strange. At six o'clock, all will change." 「弁天様は彼女の扇をおしんに渡して言いました、『人生は素晴らしい。人生は不思議。6時に、すべてが変わるでしょう』」

pass ～ to ...「～を…に渡す」

- At six o'clock　園遊会は日中行われるので、ここでは午後6時を指す。
- all will changeは「すべてのものが元に戻る（馬車→炭取り、馬→ネズミ、御者→ネコ、最高級の絹の着物→ぼろぼろの着物に戻る）」という意味。

和訳

　突然、弁天様が入ってきました。「おしん、園遊会に行きたくありませんか？」と彼女はたずねました。「行ければいいのですが」とおしんは答えました。
　弁天様は扇を取り出して炭取りに触れました。「炭取りから馬車へ！」と彼女は言いました。優雅な馬車が現れました。次に、弁天様が彼女の扇を2匹のネズミに向けました。「ネズミから馬へ！」2頭の強い馬が現れました。彼女は扇をネコに振りました。「ネコから馬車の御者へ！」顔立ちのよい馬車の御者が現れました。おしんは自分の目を信じることができませんでした。
　最後に、弁天様の扇がおしんのぼろぼろの着物に触れました。それは最高級の絹になりました。おしんは本当に美しく見えました！ 弁天様は彼女の扇をおしんに渡して言いました、「人生は素晴らしい。人生は不思議。6時に、すべてが変わるでしょう」

テキストを読んでみよう③　　　　　　　　　教科書p.114

At the party, / the nobleman's son greeted Oshin.↘// They talked
　　　　　　　　　　　　　　　　グリーティド
happily / and had a great time.↘//
ハピリ

　Soon / the sun went down. ↘ // Oshin bowed to him / and said
　　　　　　　　　　　　　　　　　　　　　　　　バウド
goodbye. ↘ // As she rushed to her coach, / she left the fan
　　　　　　　　ラシュト
behind.↘// The nobleman's son picked it up.↘// "I wish I could see
ビハインド　　　　　　　　　　　　　ピクト
her again," / he said to himself. ↘//

　Oshin got home at six o'clock / and everything changed back. ↘//

Soon / Oshin's stepsister returned in a bad mood / with her mother. ↘//
　　　　　ステプスィスタ　　　　　　　　　　　　　　　ムード
　"What a terrible party!" ↘//

　"Who was that stupid girl with the son?" ↘//
　　　　　　　　ステューピド

語句・文の研究

At the party, the nobleman's son greeted Oshin.
「園遊会で、華族の息子がおしんにあいさつしました」
　　　greet [griːt グリート] 動 「～にあいさつする」
　　　● greet は say hello とほぼ同意。

They talked happily and had a great time.
「彼らは幸せそうに話して楽しいときを過ごしました」
　　　happily [hǽpili ハピリ] 副 「幸福に、楽しく」
　　　have a great time 「楽しいときを過ごす」

Soon the sun went down.「すぐに日が沈みました」
　　　the sun goes down 「日が沈む」

Oshin bowed to him and said goodbye.
「おしんは彼におじぎをしてさようならを言いました」

bow [báu バウ] 働 「おじぎをする」

- bow は腰をかがめて挨拶すること。日本では「おじぎ」に相当する。
- say goodbye 「いとまを告げる、お別れする」

As she rushed to her coach, she left the fan behind.
「彼女が馬車に向かって急いで走ったとき、彼女は扇を置き忘れました」

rush [rʌʃ ラシュ] 働 「勢いよく走る」

leave 〜 behind 「〜を置き忘れる」

behind [biháind ビハインド] 副 「後ろに [を]、残って」

- as は「〜しているとき」という意味を表す接続詞。As A 〜 , B ....「A が〜しているときB は…する」というように、A とB がほぼ同時に起こっているときに用いる。

The nobleman's son picked it up.
「華族の息子はそれを拾い上げました」

pick 〜 up 「〜を拾い上げる」

pick [pík ピク] 働 「〜を選ぶ」

- it は直前の the fan を指す。

"I wish I could see her again," he said to himself.
「『彼女にもう一度会えればいいのに』と彼は心に思いました」

say to oneself 「心に思う」

- 〈I wish + 過去の文〉は、実現しそうもないことについて「〜だったらいいのになあ」という願望を表す。I could 〜 の部分は過去形が使われているが、現在の内容を表す。

Oshin got home at six o'clock and everything changed back.
「おしんは6時に家に着いて、すべてがもとに戻りました」

change back 「もとに戻る」

- everything は教科書 p.113 で弁天様が変えた馬車、馬、御者、最高級の着物のこと。6時になったので、これらが炭取り、ネズミ、ネコ、ぼろぼろの着物に戻ったことを指す。

Soon Oshin's stepsister returned in a bad mood with her mother.
「すぐにおしんの異母姉 [妹] が彼女の母親といっしょにご機嫌斜めで戻りました」

stepsister [stépsistər ステプスィスタ] 图 「異母 [異父] 姉妹」

in a bad mood 「ご機嫌斜めで」

mood [múːd ムード] 图 「気分、機嫌」

"What a terrible party!" 「『なんとひどい園遊会！』」

● What 〜！「なんて〜なのでしょう！」

● terrible は「もうれつな、ひどい、恐ろしい」という意味の形容詞。

"Who was that stupid girl with the son?"
「『息子さんといっしょにいたあのばかな娘は誰だったの？』」

stupid [stjúːpəd ステューピド] 形 「ばかな、愚かな」

● with the son が that stupid girl を説明している。〈前置詞＋語 (句)〉が
名詞を後ろから修飾する用法。

that stupid girl with the son 　「息子さんといっしょにいた、あのばかな娘」
　名詞 └─────────────┘ 前置詞＋語 (句)

● that stupid girl with the son は当然おしんのことであるが、継母とその
娘は気づいていない。

和訳

　園遊会で、華族の息子がおしんにあいさつしました。彼らは幸せそうに話
して楽しいときを過ごしました。
　すぐに日が沈みました。おしんは彼におじぎをしてさようならを言いました。
彼女が馬車に向かって急いで走ったとき、彼女は扇を置き忘れました。華族
の息子はそれを拾い上げました。「彼女にもう一度会えればいいのに」と彼は
心に思いました。
　おしんは6時に家に着いて、すべてがもとに戻りました。すぐにおしんの異
母姉 [妹] が彼女の母親といっしょにご機嫌斜めで戻りました。
　「なんとひどい園遊会！」
　「息子さんといっしょにいたあのばかな娘は誰だったの？」

The mysterious beauty wasn't at the second party. ↘ // The
ミス**ティ**アリアス　**ビュー**ティ

nobleman ordered his servants, / "Find the woman who knows the
サーヴァンツ

picture on the fan. ↘// She will be my son's wife!" ↘//

The servants reached Oshin's house. ↘ // Her stepmother and
リーチト

stepsister were silent / but Oshin answered, / "Waves and white
サイレント

chrysanthemums." ↘//
クリ**サン**セマムズ

The nobleman and his son finally found Oshin! ↘ // The son and

Oshin married / and lived happily ever after. ↘//
マリド

語句・文の研究

The mysterious beauty wasn't at the second party.
「あの謎めいた美人は2回目の園遊会にはいませんでした」

  mysterious [mistíəriəs ミス**ティ**アリアス] 形 「神秘的な」
  beauty 「美人」
  beauty [bjúːti **ビュー**ティ] 名 「美しさ、美人」

  ● The mysterious beautyは教科書p.114で園遊会に出席したOshinを指す。

The nobleman ordered his servants, "Find the woman who knows the picture on the fan.
「華族は彼の使用人に命令しました、『扇に描いてある絵を知っている女性を探しなさい』」

  servant [sə́ːrvənt **サー**ヴァント] 名 「使用人」

  ● orderは「～に命令する」という意味の動詞。

  ● the woman who knows the picture on the fan「扇に描かれた絵を知っ
    ている女性」 whoは関係代名詞主格。who以下が先行詞the woman

を修飾している。

名詞　　　　　　　　　前置詞＋語句

the woman who knows the picture on the fan

先行詞　　　　　　　　　　　　　　関係代名詞主格＋動詞 〜

She will be my son's wife!"
「『彼女は私の息子の妻になるでしょう！』」
- She は直前の the woman who knows the picture on the fan を指す。

The servants reached Oshin's house.
「使用人はおしんの家に着きました」
reach [riːtʃ リーチ] 動「〜に着く」

Her stepmother and stepsister were silent but Oshin answered, "Waves and white chrysanthemums."
「彼女の継母と異母姉［妹］は黙っていましたがおしんは答えました、『波と白菊です』」
silent [sáilənt サイレント] 形「沈黙の、無言の」
white chrysanthemum「白菊」
chrysanthemum [krisǽnθəməm クリサンセマム] 名「菊」
- Her stepmother and stepsister were silent　華族の使いに、扇に描かれている絵が何であるかをたずねられ、返事ができなかったことを表す。

The nobleman and his son finally found Oshin!
「華族とその息子はとうとうおしんを見つけました！」
- finally という語から、華族とその息子は1度目の園遊会からずっとおしんを探し続けていたことがわかる。

The son and Oshin married and lived happily ever after.
「息子とおしんは結婚してその後ずっと幸せに暮らしました」
marry [mǽri マリ] 動「結婚する」
ever after「その後ずっと」
- and lived happily ever after は「そして彼らはずっと幸せに暮らしたとさ。めでたし、めでたし」に当たる、おとぎ話の最後によく使われる表現。

　あの謎めいた美人は2回目の園遊会にはいませんでした。華族は彼の使用人に命令しました、「扇に描いてある絵を知っている女性を探しなさい。彼女は私の息子の妻になるでしょう！」

　使用人はおしんの家に着きました。彼女の継母と異母姉［妹］は黙っていましたがおしんは答えました、「波と白菊です」

　華族とその息子はとうとうおしんを見つけました！ 息子とおしんは結婚してその後ずっと幸せに暮らしました。

STUDY IT! ことばのしくみを学ぼう

「～であればいいのに」を表す言い方 ― I wish ＋主語＋過去形～. 〈仮定法過去〉

▶仮定法過去

現実とは違う願望、または実現する可能性の低い願望を表すときは、〈I wish ＋主語＋過去形～.〉の形を用いる。

＊〈主語＋過去形～〉では、過去形が使われていても現在の内容を表す。

現実： I **don't have** a car. （私は車を**持っていません**）
　　　　　　　　　　　　現在形　　　　　　　　　現在の事実

現実とは違う願望： I **wish** I **had** a car. （私が車を**持っていれば**いいのになあ）
（仮定法過去）　　　　　過去形　　　　　　　　　現在の願望

＊〈主語＋過去形～〉の部分は、主語がIや単数であっても be動詞はふつう、were を用いる。

I wish Ken **were** my brother. （ケンが私の兄［弟］**だったらいいのに**）
　（現実　Ken **is not** my brother. ）
I wish I **were** a pianist. （私がピアニスト**だったらいいのに**）
　（現実　I **am not** a pianist.）

＊〈主語＋過去形～〉の部分は〈主語＋助動詞の過去形＋動詞の原形～〉になることもある。

I wish I **could speak** French. （私がフランス語を**話すことができれば**なあ）
　　　　　canの過去形＋speakの原形

　（現実　I **cannot speak** French.）

DRILL

「私がもっとじょうずなサッカー選手だったらいいのに」

- 仮定法過去の文は〈I wish + 主語 + 動詞の過去形〜.〉で表す。
- 主語が I でも be 動詞は was を使わないことが多い。

CHECK YOUR UNDERSTADING!

Cinderella	dress	glass slipper	pumpkin	fairy godmother
The Story of Oshin	①	②	③	④

① 教科書 p.113　10〜11行目参照。　② 教科書 p.114　4〜5行目参照。
③ 教科書 p.113　4〜5行目参照。　④ 教科書 p.113　1行目参照。

語句
- dress「(パーティー用の) ドレス」
- glass slipper「ガラスの靴」　舞踏会ではく靴は、床の上をすべるように踊ることから shoe ではなく slipper と呼ばれる。
- pumpkin「かぼちゃ」
- fairy godmother「(おとぎ話で) 主人公を助ける妖精」

※上記以外にも『シンデレラ』に登場するものが形を変えて書かれています。
　次のものはどのような形で出ているでしょうか。日本語で書きこみましょう。

Cinderella	*The Story of Oshin*
宮廷舞踏会	❶
王子様	❷
夜中の12時	❸
12時の鐘	❹
落としていったガラスの靴を履くことのできる女性	❺

❶ 教科書 p.112　6〜7行目参照。　❷ 教科書 p.114　1行目参照。
❸ 教科書 p.113　13〜14行目参照。　❹ 教科書 p.114　3行目参照。
❺ 教科書 p.115　2〜3行目参照。

It's on Your Left.

3

左側にあります

---

1 KEY EXPRESSIONS! 対話を聞いて練習する。

Yoko : Excuse me. ↘// How can I get to the museum? ↘//

Man : The museum? ↗// Go along this street, / and turn right at the

bookstore. ↘// It's on your left. ↘//
ブクストー

Yoko : Thank you. ↘//

Man : You're welcome. ↘//

重要表現

● It's on your left. 「左側にあります」
　この on は方向（～に）を表す。

和訳

> ヨウコ：すみません。美術館［博物館］へはどのように行けばいいでしょうか？
> 男性：美術館［博物館］ですか？ この道に沿って行って、本屋で右へ曲がっ
> 　　　てください。左側にありますよ。
> ヨウコ：ありがとうございます。
> 男性：どういたしまして。

語句

☆bookstore [búkstɔ̀ːr ブクストー] 图「書店」

2 FUNCTION CHECK! よく使われる表現を学ぶ。

〔行き方を聞く〕
● How can I get to ～? 「～へはどのように行けばよいですか？」

目的地までの道順や交通手段をたずねる表現。道順をたずねるときはCan[Could] you tell me the way to 〜?「〜へ行く道を教えてくれませんか [くださいませんか]」という表現もよく使われる。

● **Where's 〜?**「〜はどこですか [どこにありますか]」

〔道順を教える〕

● **Go (straight) along this street.**「この道に沿って (まっすぐ) 行ってください」
道順を教えるとき、最初によく用いられる表現。Go straight ahead.「まっすぐに行ってください」やGo down the street.「道に沿ってずっと行ってください」もよく使われる。このdownは「(話してから) ずっと先へ、向こうへ」という意味で、道を下っていくわけではない。

● **Turn right[left] at the 〜.**「〜のところで右 [左] に曲がってください」
「右 [左] へ曲がる」はturn to the right[left] という言い方もある。曲がる場所はat the post office「郵便局のところで」のように〈at + 場所〉で表す。

● **It's on your right[left].**「右 (左) 側にあります」
目的地が相手の進行方向のどちら側にあるかを伝える表現。ほぼ同じ意味を表す表現にYou'll see it on your right[left].「右 [左] 側に見えます」がある。You'll see it soon.「すぐに見えますよ」やYou can't miss it.「見落とすはずはないでしょう＝すぐわかりますよ」も覚えておこう。

語 句

☆**straight** [stréit ストレイト] 副「まっすぐに」

3　TALK!　　　　　　　　　　　　　　　　　　　実際に対話する。

A: Excuse me. Where's the train station?

B: The train station? Go straight along this street, and turn right at the second corner. It's on your left.

A: Thanks a lot.

B: No problem.

和訳

A：すみません。駅はどこですか？
B：駅ですか？ この道に沿ってまっすぐに行って、2つ目のかどで右へ曲がってください。左側にあります。
A：ありがとうございます。
B：どういたしまして。

語 句

☆**corner** [kɔ́:rnər コーナ] 名「かど」

☆**theater** [θíːətər スィーアタ] 名「劇場、映画館」

181

不規則動詞活用表

意味	原形	過去形	過去分詞	現在分詞
活用のタイプ	A	A	A	
切る	cut	cut	cut	cutting
打つ	hit	hit	hit	hitting
～させる	let	let	let	letting
置く	put	put	put	putting
読む	read リード	read レド	read レド	reading
置く	set	set	set	setting
閉じる	shut	shut	shut	shutting
活用のタイプ	A	B	A	
来る	come	came	come	coming
～になる	become	became	become	becoming
走る	run	ran	run	running
活用のタイプ	A	B	B	
持ってくる	bring	brought	brought	bringing
建てる	build	built	built	building
焼く	burn	burned/burnt	burned/burnt	burning
捕らえる	catch	caught	caught	catching
感じる	feel	felt	felt	feeling
忘れる	forget	forgot	forgot/forgotten	forgetting
手に入れる	get	got	got/gotten	getting
聞く	hear	heard	heard	hearing
持つ	hold	held	held	holding
保つ	keep	kept	kept	keeping
去る	leave	left	left	leaving
貸す	lend	lent	lent	lending
意味する	mean	meant	meant	meaning
払う	pay	paid	paid	paying
売る	sell	sold	sold	selling
送る	send	sent	sent	sending

撃つ	shoot	shot	shot	shooting
座る	sit	sat	sat	sitting
眠る	sleep	slept	slept	sleeping
費やす	spend	spent	spent	spending
立つ	stand	stood	stood	standing
教える	teach	taught	taught	teaching
考える	think	thought	thought	thinking
理解する	understand	understood	understood	understanding

活用のタイプ		A	B	C	
～である	be （現在形は am, is）	was	been	being
	be （現在形は are）	were	been	being
産む	bear	bore	born	bearing
始まる	begin	began	begun	beginning
こわす	break	broke	broken	breaking
選ぶ	choose	chose	chosen	choosing
する	do, does	did	done	doing
引く	draw	drew	drawn	drawing
飲む	drink	drank	drunk	drinking
運転する	drive	drove	driven	driving
食べる	eat	ate	eaten	eating
落ちる	fall	fell	fallen	falling
飛ぶ	fly	flew	flown	flying
与える	give	gave	given	giving
成長する	grow	grew	grown	growing
知っている	know	knew	known	knowing
横になる	lie	lay	lain	lying
乗る	ride	rode	ridden	riding
のぼる	rise	rose	risen	rising
歌う	sing	sang	sung	singing
取る	take	took	taken	taking
投げる	throw	threw	thrown	throwing

Take a Break! 2　日本音楽著作権協会（出）許諾第2200073-201号

三省堂版・ビスタ　E.C.I